V&R unipress

Gesellschaft - Wirtschaft - Medien

Band 3

Herausgegeben von Barbara Hölscher und Justine Suchanek

Justine Suchanek / Manuel Pietzonka /
Rainer Künzel / Torsten Futterer

Bologna (aus)gewertet

Eine empirische Analyse der Studienstrukturreform

Mit 25 Abbildungen

V&R unipress

Bibliografische Information der Deutschen Nationalbibliothek

Die Deutsche Nationalbibliothek verzeichnet diese Publikation in der Deutschen Nationalbibliografie; detaillierte bibliografische Daten sind im Internet über http://dnb.d-nb.de abrufbar.

ISBN 978-3-89971-927-7
ISBN 978-3-86234-927-2 (E-Book)

Printed in Germany.
Druck und Bindung: CPI Buch Bücher.de GmbH, Birkach

Gedruckt auf alterungsbeständigem Papier.

Inhalt

Vorwort

Die Idee, eine empirische Analyse der Studienstrukturreform vorzunehmen, die mit dem Namen Bologna verbundenen ist, entstand im Vorfeld der Bewerbung der ZEvA um die Aufnahme in das europäische Register der Qualitätssicherungsagenturen EQAR. Dort gelistete Agenturen müssen nachweisen, dass sie den europäischen Standards und Leitlinien für Qualitätssicherung im Europäischen Hochschulraum (ESG) genügen und dass sie »von Zeit zu Zeit zusammenfassende Berichte erstellen, in denen die allgemeinen Ergebnisse ihrer Überprüfungen, Evaluationen, Beurteilungen usw. beschrieben und analysiert werden« (Standard 2.8: Systemweite Analysen).

In Deutschland sind derartige Berichte bisher nicht veröffentlicht worden. Auch von den im Register aufgeführten Agenturen anderer Bologna-Staaten sind keine »impact studies« mit dem Ziel durchgeführt worden, die Wirksamkeit der externen Qualitätssicherung im Reformprozess zu analysieren. Die ZEvA konnte daher nicht auf vorausgehende Erfahrungen und Methoden zurückgreifen. Also galt es, das methodische Instrumentarium zu entwickeln, den Untersuchungsgegenstand zu definieren, das Dokumentenmaterial zu sichten und die Bereitschaft vieler Akteure in den Hochschulen zur Mitwirkung sicherzustellen. Herausgekommen ist eine empirische Analyse der durch die Bologna-Erklärung von 1999 und die Vorgaben der Kultusministerkonferenz initiierten Studienstrukturreform. Knapp 1.400 (Teil-) Studiengänge wurden untersucht, mehr als 200 Akteure schriftlich befragt oder interviewt.

Die zentrale Erkenntnis: Bologna ist nicht zu Ende. Aber: Bologna ist jetzt erst einmal (aus)gewertet.

Wir danken Ulrich Teichler für die kritische Begleitung und dem Niedersächsischen Ministerium für Wissenschaft und Kultur für die finanzielle Unterstützung.

Hermann Reuke
Geschäftsführender Stiftungsvorstand der ZEvA

1. Einleitung

Als die Untersuchung begonnen wurde, die dem folgenden Bericht zugrunde liegt, war der Zeitplan für die europäische Reform der Hochschulausbildung bereits erfüllt. Der Prozess hatte am 19. Juni 1999 mit der Unterzeichnung der sogenannten Bologna-Erklärung durch die Bildungsminister von 30 europäischen Staaten begonnen, in der sie sich verpflichteten, bis zum Jahr 2010 einen gemeinsamen europäischen Hochschulraum zu schaffen. Für Deutschland hatten der Parlamentarische Staatssekretär im BMBF für den Bund und die amtierende Vorsitzende der KMK für die Länder unterzeichnet und sich damit zu dem Ziel bekannt, die Reform des deutschen Hochschulwesens im europäischen Kontext voranzutreiben. Ein gemeinsamer europäischer Hochschulraum sollte dadurch entstehen, dass folgende sechs Ziele[1] realisiert würden:

1. Einführung eines Systems leicht verständlicher und vergleichbarer Abschlüsse,
2. Gliederung der Hochschulausbildung in (im Wesentlichen) zwei Studienzyklen, einen berufsqualifizierenden, zu einem ersten akademischen Abschluss führenden Zyklus von mindestens drei Jahren Dauer und einen zweiten Zyklus, der zum Masterabschluss oder zur Promotion führt,
3. Förderung der Mobilität von Studierenden, Hochschullehrern, Forschern und Verwaltungsmitarbeitern durch den Abbau von Mobilitätshindernissen aller Art,
4. Einführung eines Leistungspunkte-Systems (wie des ECTS), das geeignet ist, die Mobilität der Studierenden zu fördern, indem die aufnehmende Hochschule andernorts erbrachte Studienleistungen auf einfache Weise anerkennen kann,
5. Stärkung der europäischen Dimension des Hochschulstudiums durch Curriculum-Reform, Mobilitätsförderung, Hochschulkooperation und integrierte Studien- und Ausbildungsprogramme sowie Zusammenarbeit in der Forschung sowie

1 Künzel (2010), S. 3.

6. Förderung der europäischen Zusammenarbeit in der Qualitätssicherung, um vergleichbare Kriterien und Verfahren zu etablieren.

Der Bologna-Reformprozess wurde durch Konferenzen der europäischen Bildungsminister im Zweijahres-Zyklus begleitet. Seit der Konferenz von Bergen 2005[2] fand eine regelmäßige Bestandsaufnahme zu den Fortschritten bei der Umsetzung der Reform, das sogenannte »stocktaking« statt, um durch Rechenschaftslegung die Verbindlichkeit der Vereinbarungen zu erhöhen. Die Grundlage der »stocktaking reports« bildeten nationale Berichte auf der Basis eines einheitlichen Fragenkatalogs, der insbesondere auf den erreichten Stand der internen und externen Qualitätssicherung, der Implementierung der gestuften Studienstruktur, der Anerkennung extern erbrachter Studien- und Ausbildungsleistungen, der Mobilität und der Förderung lebenslangen Lernens ausgerichtet war.[3] Innerhalb Deutschland verfolgt ein kontinuierlicher Ländercheck des Stifterverbands für die Deutsche Wissenschaft die Entwicklung in den einzelnen Bundesländern.[4]

Diese Berichte konzentrierten sich jedoch im Wesentlichen auf die Auswertung statistischer Informationen über die Verwirklichung der quantitativen Bologna-Ziele. Über die mit der Reform verbundenen qualitativen Veränderungen der Hochschulbildung liegen bislang keine durch empirische Studien abgesicherten Erkenntnisse vor. Hierzu hätte es systematischer Untersuchungen zur Wirksamkeit der Qualitätssicherung auf Hochschul- und Studiengangsebene sowie im Prozess der Reformsteuerung bedurft. Zwar wurden im Rahmen der Berlin-Konferenz 2003[5] die Mitglieder der »E4-Gruppe« EUA (European University Association), EURASHE (European Association of Institutions in Higher Education), ESU (European Students' Union) und ENQA (European Association for Quality Assurance in Higher Education) beauftragt, ein System von Normen, Verfahren und Leitlinien zur Qualitätssicherung im Europäischen Hochschulraum zu entwickeln,[6] aber bis heute gibt es keine Wirkungsanalysen (impact studies), die zu beurteilen erlauben, ob die auf dieser Grundlage etablierten Strukturen und Verfahren der Qualitätssicherung dazu geeignet sind, die erhofften Qualitätsverbesserungen in der Hochschulausbildung zu bewirken.

Nachdem die Bildungsminister 2009 in Leuven den ursprünglich für 2010 vereinbarten Endpunkt der gemeinsamen Reformanstrengungen auf 2020 verschoben haben, um einerseits die bisher verfolgten Ziele umfassend zu ver-

2 Vgl. Europäische Bildungsminister (2005).
3 Ebd., S. 2.
4 Vgl. Stifterverband für die deutsche Wissenschaft (2009).
5 Vgl. Europäische Bildungsminister (2003).
6 Toens (2009), S. 238 f.

wirklichen und andererseits die Attraktivität der europäischen Hochschulen weiter zu steigern, für mindestens 20 % der Studierenden einen Auslandsaufenthalt zu ermöglichen und die Grundlagen für lebenslanges Lernen fortzuentwickeln,[7] wird es nunmehr darauf ankommen, auch die Effektivität der Qualitätssicherungsverfahren zu überprüfen und weiter zu entwickeln. Die hierfür erforderlichen empirischen Untersuchungen dürfen jedoch nicht auf der Ebene der Darstellung der Strukturen und Prozesse der Qualitätssicherungsverfahren sowie ihrer quantitativen Ergebnisse stehen bleiben. Sie müssen vielmehr das Ziel verfolgen, die mit ihrer Hilfe gewonnenen Einsichten in die qualitativen Wirkungen der Reform für die weitere Steuerung des Reformprozesses nutzbar zu machen und die Qualitätsmanagement-Systeme selbst zu verbessern.

Wenn Untersuchungen mit dieser Zielsetzung in allen Bologna-Staaten durchgeführt würden, könnte das Ziel der Förderung der europäischen Zusammenarbeit in der Qualitätssicherung, um vergleichbare Kriterien und Verfahren zu etablieren, inhaltlich näher bestimmt werden. Es ginge dann nicht allein um die Vergleichbarkeit der Kriterien und Verfahren, sondern um deren Eignung, den Reformprozess im Hinblick auf seine qualitativen Wirkungen zu überprüfen und die Hochschulen in die Lage zu versetzen, die Qualität der Hochschulbildung kontinuierlich fortzuentwickeln.

Als älteste deutsche Qualitätssicherungsagentur war die Zentrale Evaluations- und Akkreditierungsagentur Hannover (ZEvA) am Bologna-Prozess von Anfang an national und international beteiligt. Ihre Mitarbeiter und Entscheidungsgremien gewannen in mehreren tausend Akkreditierungsverfahren den Eindruck, dass in Deutschland zwar die formalen Reformziele des Bologna-Prozesses verfolgt und bis 2010 weitgehend realisiert wurden, die angestrebten qualitativen Verbesserungen des Lehr-Lern-Prozesses jedoch sehr begrenzt blieben und sich insofern der Ansatz der Programmakkreditierung zur Steuerung des Reformprozesses nicht bewährt hat.[8]

Selbst der verbreitete Widerstand in der Professorenschaft besonders an den Universitäten, die offenkundige Inkohärenz der Akkreditierungspraxis durch die konkurrierenden Agenturen sowie als Folge länderspezifischer Sonderregelungen und schließlich die teilweise massiven Proteste der Studierenden hatten auch nach 10 Jahren nicht bewirkt, dass durch das Bundesministerium für Bildung und Forschung (BMBF), die Kultusministerkonferenz (KMK) oder den Akkreditierungsrat (AR) eine empirische Untersuchung zur Eignung der Programmakkreditierung als Mittel der externen Qualitätssicherung in Auftrag gegeben wurde. Die öffentliche Debatte wurde immer noch von Kontroversen

7 Vgl. Europäische Bildungsminister (2009).
8 Künzel (2011b), S. 2 ff. und ders. (2011a), S. 2 ff.

um die Zweckmäßigkeit einzelner Reformziele beherrscht, wie der Etablierung des Bachelor-Abschlusses als berufsqualifizierender Regelabschluss, der Begrenzung des Zugangs zum Master-Studium durch die Vorgabe fachspezifischer Zulassungsvoraussetzungen, die Maßnahmen zur Mobilitätsförderung und die Begrenzung der Regelstudienzeit für konsekutive Studiengänge auf fünf Jahre.

Eine Ausnahme ist für Niedersachsen zu konstatieren. Dort bildeten 2009 die Hochschulen, das Niedersächsische Ministerium für Wissenschaft und Kultur, die Landeshochschulkonferenz, die Wissenschaftliche Kommission Niedersachsen, die Landes-Asten-Konferenz sowie die Zentrale Evaluations- und Akkreditierungsagentur Hannover eine gemeinsame Arbeitsgruppe, um durch Umfragen in den Hochschulen wesentliche Probleme der Reform zu ermitteln.[9] Die Arbeitsgruppe sah bei der Konzeption und Durchführung der neuen Studiengänge an den niedersächsischen Hochschulen erheblichen Handlungsbedarf: So seien Bachelor-Studiengänge überwiegend durch Pflicht- und Wahlpflichtmodule bestimmt; die seltenen Wahlmöglichkeiten könnten aufgrund der zu hohen Verdichtung des Studiums faktisch nicht genutzt werden.[10] Außerdem sei die Anzahl der benoteten (und) endnotenrelevanten Prüfungen deutlich zu hoch. Dieser Befund hänge wiederum vielfach mit einer fehlerhaften und zu kleinteiligen Modularisierung zusammen.[11] Schließlich monierte die Arbeitsgruppe das Fortbestehen von Mobilitätshindernissen durch die restriktive Praxis der Anrechnung von an anderen Hochschulen im In- und Ausland erbrachten Studienleistungen, durch das Fehlen von »Mobilitätsfenstern« in den Studiengängen und durch die geringe Nutzung von Kooperationen mit Partnerhochschulen zum Abschluss von »learning agreements« im Vorfeld von Auslandsaufenthalten.[12] Teil des Arbeitsgruppenberichts waren Empfehlungen an die Hochschulen, die aus diesen Feststellungen abgeleitet wurden.

Zum Zeitpunkt der Einrichtung der niedersächsischen Arbeitsgruppe hatte die ZEvA bereits ihre Untersuchung zur Umsetzung der Studienstrukturreform in Niedersachsen auf der Basis der ihr vorliegenden oder öffentlich zugänglichen Akkreditierungsunterlagen begonnen. Sie verfolgte mit dieser Untersuchung ein doppeltes Ziel: Sie wollte den Hochschulen Hinweise auf Veränderungsnotwendigkeiten geben[13] und zugleich den politischen Prozess der Weiterentwicklung der externen Reformsteuerung und Qualitätssicherung befördern.

Die Basis der Studie bildete eine Auswertung (Vollerhebung) von Akkredi-

9 Niedersächsisches Ministerium für Wissenschaft und Kultur (2010b).

10 Ebd., S. 5.

11 Ebd., S. 6.

12 Ebd., S. 7 f.

13 Veränderungsnotwendigkeiten ergeben sich implizit aus den Ergebnissen dieser Studie. Zu den daraus abgeleiteten expliziten Handlungsempfehlungen ist ein gesonderter Beitrag geplant.

tierungs- und Reakkreditierungsverfahren für 1380 (Teil-) Studiengänge niedersächsischer Hochschulen im Zeitraum von Juli 2004 bis Dezember 2009. Die Entscheidung, die Untersuchung auf die Akkreditierungsverfahren in Niedersachsen zu stützen, resultierte primär aus der guten Datenlage, da die Verfahrensdokumentationen für den genannten Zeitraum fast vollständig vorlagen. Ferner hatte Niedersachsen die Umsetzung der Studienstrukturreform frühzeitig eingeleitet, so dass 2004 bereits zahlreiche Hochschulen weitgehend auf die Bachelor-Master-Struktur umgestellt hatten.

Es hätte nahe gelegen, im Rahmen dieser Studie auch die zum Teil außerordentlich unterschiedliche Entscheidungspraxis der Akkreditierungsagenturen herauszuarbeiten. Die Analyse ist jedoch nicht auf diesen Aspekt ausgedehnt worden, weil die Zuständigkeit hierfür beim Akkreditierungsrat liegt und nur eine unabhängige Instanz mit den Untersuchungsergebnissen Akzeptanz finden könnte.

Die von der ZEvA beauftragte Projektgruppe war also im Wesentlichen auf die öffentlich zugänglichen Akkreditierungsentscheidungen für ihre Analyse der hochschulinternen Probleme im Reformprozess angewiesen. Hierbei ging sie von der Annahme aus, dass die mit den bedingten Akkreditierungen verbundenen Auflagen als Indikatoren für Schwierigkeiten der Hochschulen bei der Umsetzung der Reformvorgaben bzw. bei der Erfüllung der Akkreditierungskriterien interpretiert werden können. Das Verhältnis von Reformvorgaben, Akkreditierungskriterien und Beanstandungen in der Form von Auflagen erwies sich aber als so komplex, dass zunächst ein aufwändiges Kodierkonzept entwickelt und getestet werden musste (siehe Kapitel 4.1).

Die Ergebnisse wurden anschließend einer doppelten Kontrolle unterworfen: Einerseits wurden Akkreditierungsverfahren an nicht-niedersächsischen Hochschulen nach derselben Methode ausgewertet, um einen landesspezifischen Bias feststellen zu können. Andererseits wurde die Dokumentenanalyse um eine Online-Befragung der Verantwortlichen in den Hochschulen und um leitfadengestützte Interviews mit Studierendenvertretern aus den Hauptstudienbereichen ergänzt. Die Befragungen und Interviews konzentrierten sich auf die in der Dokumentenanalyse besonders deutlich gewordenen Problembereiche.

Da das Projekt von der ZEvA initiiert und mit Mitteln des MWK finanziert wurde, bestand die Gefahr eines »blinden Flecks« sowohl bei den Fragestellungen als auch bei der Interpretation der Ergebnisse. Die Konstruktion der Erhebungsinstrumente und die Erhebung und Auswertung der Daten erfolgte mit dem expliziten und impliziten Wissen der Projektmitarbeiter, die Akkreditierungen für die ZEvA durchgeführt hatten. Es war deshalb zu bedenken, dass hierdurch der Blick auf die Empirie verzerrt werden könnte, indem implizit Erfahrungswerte aus Akkreditierungsverfahren in die Annahmen und Hypothesen über Umsetzungsschwierigkeiten eingingen. Auch war nicht auszuschließen, dass die in der ZEvA etablierten Verfahren und Sichtweisen die Interpretationen prägen könnten. Zwar kann eine Agentur ihre eigenen Abläufe evaluieren, doch bei ihren Beobachtungen und damit auch bei empirischen Erhebungen ist sie immer selbstreferentiell. Dies war bei der vorliegenden Studie deshalb ein gravierendes Problem, weil im Rahmen der Dokumentenanalyse in großem Umfang Akkreditierungsentscheidungen der ZEvA kodiert und auswertet werden mussten. Bei der Kodierung von Auflagen stellte sich jedoch heraus, dass die Vorerfahrungen der Projektmitarbeiter auch notwendig waren, weil Externe ohne Akkreditierungserfahrung nur begrenzt in der Lage gewesen wären, die inhaltlichen Bezüge der Auflagen und die spezifische Akkreditierungsterminologie nachzuvollziehen.

Der blinde Fleck kann letztlich nur durch eine »Beobachtung zweiter Ordnung« kontrolliert werden, indem ein externer Beobachter die Konstruktion der Erhebungsinstrumente, die Auswertungen wie auch die Analysen und Interpretationen überprüft. Um dieser Problematik gerecht zu werden, wurde das Projektteam um eine externe empirische Sozialforscherin ergänzt, die die Aufgabe hatte, das Vorgehen in den einzelnen Projektetappen zu kontrollieren. Des Weiteren wurden die Erhebungsinstrumente mit Herrn Prof. Dr. Teichler, dem ehemaligen Leiter des INCHER (Kassel), abgestimmt.

2. Ziele und externe Steuerung der Studienstrukturreform

In Deutschland verbanden die Bildungsminister mit dem Bologna-Prozess zur Schaffung eines gemeinsamen europäischen Hochschulraums spezifische nationale Zielsetzungen, die als Reaktionen auf Probleme im deutschen Hochschulsystem zu verstehen sind. Im internationalen Vergleich waren die durchschnittlichen Studienzeiten der Absolventen extrem lang, die Absolventenquoten fachspezifisch sehr unterschiedlich, aber im Durchschnitt sehr niedrig und die Bildungsbeteiligung noch deutlich steigerungsfähig. Da das Fachhochschulsystem wegen seines notwendigerweise begrenzten Fächerspektrums und der Schwierigkeit, akademisch hinreichend qualifiziertes und zugleich praxiserfahrenes Lehrpersonal zu rekrutieren, nicht schnell genug wachsen konnte, strebte ein großer Anteil der Studierenden einen Universitätsabschluss an. Das Universitätsstudium war jedoch in der großen Mehrzahl der Studiengänge traditionell weniger auf eine konkrete Berufspraxis als auf fachwissenschaftliche Grundlagen und Methoden sowie übergreifende Bildungsinhalte ausgerichtet. Der steigende Bedarf an Absolventen praxisorientierter Studiengänge mit einem Qualifikationsniveau unterhalb des Magisters, Staatsexamens oder Universitätsdiploms konnte daher nicht zu vertretbaren Kosten befriedigt werden.

Deshalb sollte auch der Bachelor-Abschluss an den Universitäten als Regelabschluss berufsqualifizierend ausgestaltet und der Zugang zu den Master- und Doktorandenprogrammen von spezifischen Qualifikationsvoraussetzungen abhängig gemacht werden. Auf diese Weise sollte die Studienstrukturreform über die Bologna-Ziele hinaus implizit vier weiteren Zielen dienen:[14]

- der Verkürzung der effektiven Studienzeiten
- der Begrenzung des Finanzbedarfs trotz steigender Studierendenzahlen
- der Verstärkung der Ausbildungs- gegenüber den Bildungselementen sowie
- der Reduktion der Abbrecherquoten.

14 Künzel (2010), S. 4; Reuke (2010), S. 31.

Die Bologna-Reform war der komplexeste Reformprozess in der Geschichte der europäischen Hochschulsysteme. »Bologna« gilt als Synonym »für die folgenreichsten Veränderungen in den europäischen Hochschulsystemen seit den Reformen nach 1968.«[15] In Deutschland ergaben sich besondere Schwierigkeiten aus der föderalen Aufgabenverteilung zwischen Bund und Ländern, die den Ländern die Zuständigkeit für die Hochschulausbildung zuweist.

Um den Prozess so zu steuern, dass die innerdeutschen Differenzen im System nicht größer wurden als die strukturellen Unterschiede zwischen den Hochschulsystemen der europäischen Staaten, musste die Kultusministerkonferenz die Koordination übernehmen. Sie beschloss, die Umstellung des Studiensystems durch Programmakkreditierung zu kontrollieren und gründete am 3. Dezember 1998 als zentrale Steuerungsinstanz den Akkreditierungsrat (AR).[16]

Zu den wichtigsten Aufgaben des AR gehört die Akkreditierung und Überwachung von Akkreditierungsagenturen, die die Akkreditierungsverfahren auf Antrag der Hochschulen in eigener Verantwortung durchführen und bei positiver Akkreditierungsentscheidung das Siegel des AR vergeben. Der Akkreditierungsprozess wird durch Verfahrensregelungen und Entscheidungskriterien bestimmt, die der Akkreditierungsrat auf der Grundlage von Richtlinien der KMK vorgibt und weiterentwickelt. Im Zeitraum der Durchführung dieser Studie waren sechs Agenturen für den Zuständigkeitsbereich des Akkreditierungsrats akkreditiert.

Soweit die zuständigen Länderministerien verlangen, dass neu eingerichtete Studiengänge ein Akkreditierungsverfahren durchlaufen müssen, wirken sich die Akkreditierungskriterien und ihre Interpretationen durch die von den Agenturen eingesetzten Gutachtergruppen und Entscheidungsgremien unmittelbar auf die Studienstrukturreform aus. Wegen ihrer Bedeutung für die Studienstrukturreform und die Akkreditierung, folglich auch für die Dokumentenanalyse der vorliegenden Untersuchung, werden im Folgenden die wichtigsten Vorgaben des Akkreditierungsrats zusammengefasst.[17] Des Weiteren müssen weitere landesspezifische Vorgaben berücksichtigt werden.[18]

15 Kohler (2008), S. 2.

16 KMK (1998), S. 2.

17 Beschluss des AR vom 17.07.2006, geändert am 08.10.2007 u. 29.02.2008 (Drs. AR 15/2008). Es ist dabei zu beachten, dass sich die aktuelle Fassung der Vorgaben von den hier aufgeführten Beschlüssen in verschiedenen Punkten unwesentlich unterscheidet.

18 Die Studienstrukturreform ist in den einzelnen Bundesländern trotz gemeinsamer und einstimmiger Beschlüsse der Wissenschaftsminister in der KMK mit sehr unterschiedlicher Intensität betrieben worden. Darüber hinaus haben einige Bundesländer eigene Vorgaben formuliert. Der Akkreditierungsrat hat in den »Landesspezifischen Strukturvorgaben im Sinne von verbindlichen Vorgaben für die Akkreditierung von Studiengängen gemäß § 2 Abs. 1 Nr. 2 Akkreditierungs-Stiftungs-Gesetz« (AR, 2009a) diese landesspezifischen Vorgaben als für die Akkreditierung verbindlich definiert (KMK, 2003).

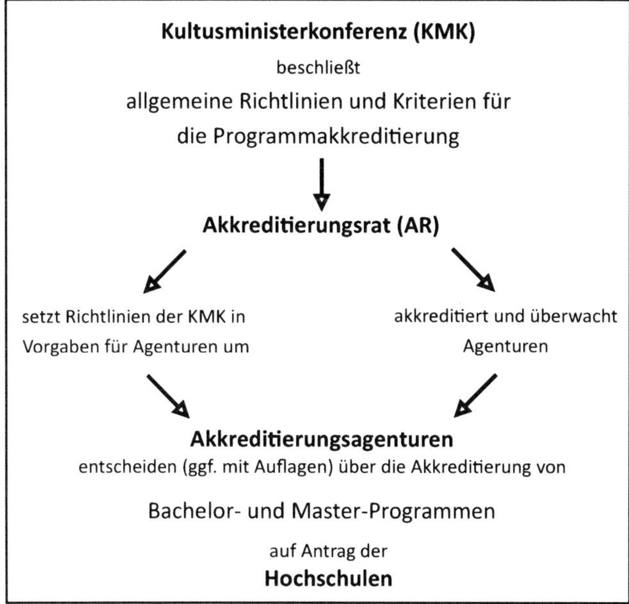

Abbildung 1: Das deutsche Akkreditierungssystem

1) Systemsteuerung der Hochschule: Die Hochschule hat ein eigenes Qualitätsverständnis von Studium und Lehre entwickelt und dokumentiert, was auf Studiengangsebene umgesetzt wird.[19]
2) Qualifikationsziele der Studiengänge: Die Studiengänge orientieren sich an Qualifikationszielen, die die wissenschaftliche Befähigung und Berufsbefähigung der Absolventen sicherstellen und die Persönlichkeitsentwicklung fördern.[20] Die Hochschule berücksichtigt bei der Definition von Qualifikationszielen die Untersuchungen zum Absolventenverbleib.
3) Qualifikationsrahmen für deutsche Hochschulabschlüsse: Der Bachelor ist als erster berufsqualifizierender Abschluss konzipiert und der Master gewährleistet ein hohes fachliches und wissenschaftliches Niveau.[21]
4) Regelstudienzeiten: Bachelorstudiengänge haben einen Umfang von drei, höchstens vier Jahren (§ 19 (2) HRG) und Masterstudiengänge einen Umfang von mindestens einem und höchstens zwei Jahren (§ 19 (3) HRG), wobei mit Abschluss des Masterstudiengangs 300 ECTS-Punkte erreicht werden müssen.[22]

19 Vgl. AR (2006).
20 Vgl. Akkreditierungsrat (2006).
21 Vgl. KMK u. HRK (2005).
22 Vgl. Akkreditierungsrat (2006); KMK (2003).

5) Abschlussarbeiten: Es ist eine Abschlussarbeit vorgesehen, deren Bearbeitungsumfang für den Bachelor 6 bis 12 ECTS-Punkten und für den Master 15 bis 30 ECTS-Punkten entspricht.[23]
6) Zugangsvoraussetzungen zum Master: Der Zugang zum Masterstudiengang ist nur mit erstem berufsqualifizierenden Hochschulabschluss möglich und weiterbildende Masterstudiengänge setzen berufspraktische Erfahrungen von mindestens einem Jahr voraus. Studierende mit zu wenigen ECTS-Punkten bekommen die Gelegenheit, dieses auszugleichen, um mit dem Abschluss des Masters 300 ECTS-Punkte zu erreichen.[24]
7) Anrechnung extern erbrachter Leistungen: Die Hochschulen müssen den KMK-Beschluss vom 28.06.2002[25] zur Anrechnung von außerhalb des Hochschulwesens erworbenen Kenntnissen und Fähigkeiten auf ein Hochschulstudium berücksichtigen. Es müssen Anrechnungsregelungen gemäß der Lissabon-Konvention vorliegen.[26]
8) Typologische Einordnung: Die Zuordnung und Benennung der Abschlussbezeichnungen entspricht den Vorgaben gemäß den Ländergemeinsamen Strukturvorgaben. Masterstudiengänge können konsekutiv oder weiterbildend sein.[27]
9) Diploma Supplement: Das Diploma Supplement muss gemäß den Vorgaben ausgestaltet sowie in englischer und deutscher Sprache zur Verfügung gestellt werden.[28]
10) Leistungspunktesystem ECTS: Der Studiengang ist mit einem adäquaten ECTS-Leistungspunktesystem auf Basis von plausiblen Workload-Berechnungen ausgestattet.[29] Ein ECTS-Punkt entspricht 25 bis 30 Stunden studentischer Arbeitszeit.
11) Modularisierung: Der gesamte Studiengang ist modularisiert, die Umfänge der einzelnen Module in ECTS entsprechen den Vorgaben und zu jedem Modul gibt es eine Modulbeschreibung, in der der mit dem Studium verbundene Arbeitsaufwand, die Dauer des Moduls, die Lehrformen, die Voraussetzungen für die Teilnahme, die Verwendbarkeit des Moduls, die Voraussetzungen für die Vergabe von Leistungspunkten und Angaben zum Angebotszyklus ausgewiesen sind. Die Modulbeschreibungen differenzie-

23 Vgl. Akkreditierungsrat (2006); KMK (2003).
24 Vgl. Akkreditierungsrat (2006); KMK und HRK (2005); KMK (2003).
25 Vgl. KMK (2002).
26 Vgl. KMK (2008).
27 Vgl. Akkreditierungsrat (2006); KMK und HRK (2005); KMK (2003).
28 Vgl. Akkreditierungsrat (2006); KMK (2003).
29 Vgl. Akkreditierungsrat (2006); KMK (2003); KMK (2000).

ren hinreichend zwischen Inhalten und Qualifikationszielen. Es wird zwischen Selbststudium und Präsenzzeit differenziert.[30]

12) Wissens- und Kompetenzvermittlung: Wissen und Kompetenzen werden im Studiengangskonzept adäquat vermittelt. Dieses bezieht sich auf die Vermittlung von Fachwissen, fachübergreifendem Wissen und methodischen sowie generischen Kompetenzen.[31]
13) Studiengangskonzeption: Das Studienganskonzept ist pädagogisch und didaktisch fundiert, stimmig konzipiert und hinsichtlich der definierten Qualifikationsziele zielführend ausgestaltet. Die Theorie- und Praxisverknüpfungen werden im Studiengang adäquat realisiert.[32]
14) Studierbarkeit: Im Hinblick auf die geplante Arbeitsbelastung, das Beratungs- und Betreuungsangebot, die Ausgestaltung der Praxisanteile, das Prüfungssystem, die Prüfungsorganisation und die Prüfungsdichte ist der Studiengang studierbar.[33]
15) Interne Evaluationen: Die Hochschule verfügt über ein wirksames Qualitätsmanagement, aus dessen Ergebnissen sinnvolle Konsequenzen gezogen werden. Bei der Weiterentwicklung des Studiengangkonzepts werden Untersuchungen zum Curriculum (z. B. Lehrveranstaltungsevaluationen), zur Studierbarkeit und studentischen Arbeitsbelastung, zum Studienverlauf und Studienerfolg sowie zum Absolventenverbleib durchgeführt und ausgewertet.[34]
16) Ausstattung: Die personelle, sächliche und räumliche Ausstattung ist gegeben, um den Studiengang adäquat durchführen zu können.[35]
17) Studienorganisation: Die Organisation gewährleistet die adäquate Durchführung des Studiengangs und sieht unterstützende Instrumente vor. Die Belange von Studierenden mit Behinderung und ein Nachteilausgleich im Falle von Krankheit werden adäquat berücksichtigt. Eine hinreichende fachliche u. / o. überfachliche Studienberatung ist gewährleistet.[36]
18) Prüfungswesen: Die Prüfungen orientieren sich an definierten Bildungszielen und sind modulbezogen sowie wissens- und kompetenzorientiert ausgestaltet. Prüfungsdichte und -organisation[37] sind angemessen, wobei sich die Abschlussprüfung nicht wie bei der alten Diplom- oder Magister-

30 Vgl. Akkreditierungsrat (2006); KMK (2000).
31 Vgl. Akkreditierungsrat (2006).
32 Vgl. Akkreditierungsrat (2006); KMK (2003).
33 Vgl. Akkreditierungsrat (2006); KMK (2000).
34 Vgl. Akkreditierungsrat (2006).
35 Vgl. Akkreditierungsrat (2006).
36 Vgl. Akkreditierungsrat (2006).
37 Z. B. werden Prüfungen nur von Hauptamtlichen durchgeführt, es müssen mindestens zwei Prüfer eingesetzt werden, die Möglichkeit zur Prüfungswiederholung ist gegeben, die Prüfungsdauer ist definiert usw.

prüfung auf den gesamten Studiengang bezieht. Die Prüfungsordnungen sind im Hinblick auf Rechtskonformität geprüft.[38]

19) Transparenz und Dokumentation: Die Anforderungen des Studiengangs und Studienverlaufs einschließlich der Prüfungen sowie fachliche und überfachliche Beratungsangebote sind dokumentiert und veröffentlicht. Die Bezeichnung des Studiengangs ist zutreffend.[39]

38 Vgl. Akkreditierungsrat (2006).

39 Vgl. Akkreditierungsrat (2006).

3. Anlage der Untersuchung

3.1 Ziel und Leitfragen der empirischen Untersuchung

Die empirische Untersuchung gliedert sich in zwei Teile, die jeweils unterschiedliche, einander ergänzende Zielsetzungen verfolgen: Die im ersten Teil der Erhebung durchgeführte Dokumentenanalyse von Akkreditierungsentscheidungen für die niedersächsischen Studiengänge hatte einen eher explorativen Charakter und sollte die empirische Basis für die nachfolgenden Befragungen liefern. Im zweiten Teil der Erhebung erfolgte eine Befragung der am Umstellungsprozess beteiligten Personen in den Hochschulen sowie von Studierendenvertretern. Diese hatte zum Ziel, genauere Informationen über die Ursachen für die Umsetzungsprobleme zu gewinnen. Da die in der Akkreditierung in Form von Auflagen ausgesprochenen Beanstandungen im Rahmen dieser Studie als Umsetzungsschwierigkeiten interpretiert werden, sollte durch die Befragung zugleich überprüft werden, ob die Verantwortlichen in den Hochschulen und die Studierendenvertreter ähnliche Umsetzungsschwierigkeiten wahrgenommen haben.

Die Umsetzung der Studienstrukturreform kann auf drei Einflussebenen betrachtet werden:

1. Auf der Ebene der (politischen) Systemsteuerung: Reformziele, Maßnahmen und deren Umsetzungsrichtlinien werden durch die Politik formuliert.
2. Auf der Ebene der externen Steuerung und Kontrolle: Die Überwachung des Reformprozesses findet durch das Akkreditierungssystem statt. Die Akteure in diesem System sind der Akkreditierungsrat, der die Maßnahmen und Umsetzungsrichtlinien operationalisiert und die Akkreditierungsagenturen, die die Umsetzung in den Bachelor- und Masterstudiengängen prüfen.
3. Auf der Ebene der Steuerung der Umsetzung in den Hochschulen: Die Hochschulen verwenden die Richtlinien für die Umsetzung des Reformprozesses auf Studiengangsebene. Die interne Steuerung soll die Umsetzung effizient und einheitlich gestalten.

Eine weitere Differenzierung resultiert aus der Frage danach, ob zentrale oder dezentrale Steuerungsebenen an der Reformumsetzung beteiligt sind und wie diese interagieren. Sowohl die externe Kontrolle als auch die interne Steuerung in den Hochschulen lassen sich analytisch in zentrale und dezentrale Steuerungsebenen differenzieren: Bei der externen Kontrolle stellen der Akkreditierungsrat die zentrale und die Agenturen die dezentrale Steuerungsebene dar. Bei der internen Hochschulsteuerung gibt es zentrale Akteure im Bereich der Hochschulleitung und dezentrale in den Fakultäten. Als zentrale Funktionsträger wurden im Rahmen der Fragebogenerhebung Vizepräsidenten für Studium und Lehre sowie Qualitäts- und Bologna-Beauftragte befragt, als dezentrale Akteure Studiendekane und Programmverantwortliche.

Akteure der externen Kontrolle wurden im Rahmen der vorliegenden Untersuchung nicht befragt,[40] sodass Umsetzungsschwierigkeiten, die z. B. aus einer problematischen Interaktion zwischen dem Akkreditierungsrat und den Agenturen resultieren, nicht Gegenstand dieses Berichts sind. Vielmehr war die Studie auf die Umsetzung der Reform in den Hochschulen fokussiert und ging folgenden Leitfragen nach:

Zunächst wurde angenommen, dass die Umsetzung der Studienstrukturreform in den Hochschulen leichter gelingt, wenn die Ziele und Vorgaben in sich konsistent, an den gesamten Hochschulkontext angepasst und von den Hochschulen akzeptiert sind. Des Weiteren wurde angenommen, dass die Umsetzung der Reform davon abhängt, dass die Reformziele und -instrumente von allen Akteuren in den Hochschulen gleichermaßen akzeptiert werden.

Hieraus wurden folgende Fragen abgeleitet:

1. Werden die Reformziele von den zentralen und dezentralen Verantwortlichen in den Hochschulen gleichermaßen akzeptiert?
2. Werden die einzelnen Maßnahmen zur Reformumsetzung von den zentralen und dezentralen Verantwortlichen in den Hochschulen gleichermaßen akzeptiert und als geeignet bewertet?
3. Inwieweit entsprechen die neuen Studiengänge den Kriterien der KMK und des Akkreditierungsrats für die Studienstrukturreform?
4. Sind von den Hochschulen im Reformprozess alle Kriterien für Programmqualität gleichermaßen berücksichtigt worden?
5. Gelang die Umsetzung der Reform in allen Hochschultypen (differenziert nach Hochschulart, -größe, -trägerschaft) und Hauptstudienbereichen sowie bei allen Abschlussarten gleichermaßen?

40 Der Zeit- und Kostenrahmen der empirischen Untersuchung wäre gesprengt worden, wenn die Vertreter der Hochschulrektorenkonferenz, der Kultusministerkonferenz, des Akkreditierungssystems und des Nds. Ministeriums für Wissenschaft und Kultur ebenfalls befragt worden wären.

Darüber hinaus wurde nach den Ursachen der Umsetzungsschwierigkeiten gefragt:

6. Welche Schwierigkeiten können bei der Umsetzung der Reform festgestellt werden?
7. Werden die Schwierigkeiten bei der Reformumsetzung von Studierendenvertretern ähnlich bewertet wie von den Verantwortlichen in den Hochschulen?
8. Welche Ursachen werden eventuellen Umsetzungsschwierigkeiten zugeschrieben?

Schließlich wurde angenommen, dass die Umsetzung der Studienstrukturreform in den Hochschulen leichter gelingt, wenn die Akkreditierung als Mittel der Qualitätssicherung und -kontrolle akzeptiert wird und das Akkreditierungssystem gut funktioniert. Hieraus wurde folgende Frage abgeleitet:

9. Wird die Akkreditierung von den zentralen und dezentralen Verantwortlichen in den Hochschulen gleichermaßen akzeptiert oder werden andere Verfahren der Steuerung und Kontrolle des Reformprozesses bevorzugt?

3.2 Methodisches Vorgehen

Auch wenn in der vorliegenden Studie nicht mit einer repräsentativen Stichprobe unter Berücksichtigung aller deutschen Studiengangsakkreditierungen gearbeitet wurde, kann in der Zusammenschau davon ausgegangen werden, dass die zentralen Erkenntnisse aus der niedersächsischen Vollerhebung zumindest eingeschränkt für ganz Deutschland gelten. Im Detail können die Ergebnisse in anderen Bundesländern abweichen, die generellen Aussagen der Studie sollten aber bundesweit zutreffen. Denn ein am Rande der Studie durchgeführter Vergleich der Ergebnisse aus Niedersachsen mit Akkreditierungsverfahren an Universitäten und Fachhochschulen anderer Bundesländer hat keine wesentlichen Abweichungen gezeigt.[41]

Für eine Übertragbarkeit spricht die Zusammensetzung der Stichprobe, denn es sind beide Hochschularten (Universitäten und Fachhochschulen) sowie Berufsakademien vertreten. Außerdem werden unterschiedliche Größen von Hochschulen sowie verschiedene Formen der Trägerschaft (staatlich und privat) berücksichtigt. Letztendlich wird auch das gesamtdeutsche Fächerspektrum

41 Im Rahmen dieser Vergleichsgruppe wurden die Auflagen in 649 Studiengangsakkreditierungen aus 13 Hochschulen außerhalb Niedersachsens untersucht. Bei dieser Außenvalidierung handelte es sich allerdings nicht um eine systematisch gezogene Zufallsstichprobe. Zukünftige empirische Untersuchungen sollten den Kreis der untersuchten Hochschulen auf Gesamtdeutschland ausweiten, um die Ergebnisse auf eine noch besser abgesicherte Datenbasis zu stellen.

repräsentiert, denn alle akkreditierungsrelevanten Hauptstudienbereiche sind in der Stichprobe vertreten.[42]

Dennoch kann nicht von einer uneingeschränkten Übertragbarkeit der Ergebnisse auf Deutschland ausgegangen werden. Dem stehen zunächst landesspezifische Unterschiede im Hochschulsektor entgegen. In der Vergangenheit machten die Länderministerien in Einzelfällen ihren Einfluss bei der Gestaltung der Studiengänge geltend, sodass es zu landesspezifischen Abweichungen und Besonderheiten gekommen ist. Allerdings haben sich die Länder grundsätzlich auf »Ländergemeinsame Strukturvorgaben« geeinigt, die als Basis für die Vorgaben des Akkreditierungsrats dienen und deren Einhaltung von dort überwacht wird. Abweichungen sind daher eher in geringem Umfang zu erwarten. Stärker auswirken könnte sich der Umstand, dass die Studienstrukturreform in Niedersachsen deutlich früher umgesetzt wurde als in anderen Bundesländern wie Bayern oder Baden-Württemberg. Neben einer reinen »Zeitversetzung« des Umstellungsprozesses gegenüber anderen Bundesländern könnten sich auch die im Zeitverlauf geänderten Vorgaben des Akkreditierungsrats auf die Ergebnisse ausgewirkt haben. Der Anstieg der Beanstandungshäufigkeit und der Anstieg von Vorgabenverletzungen, wie sie in der vorliegenden Untersuchung im Zeitverlauf zu beobachten sind, könnte in anderen Bundesländern unter Umständen abgemildert beobachtbar oder gar ausgeblieben sein und ggf. erst in späteren Untersuchungen zu Tage treten. Ein möglicher weiterer Einwand gegen die uneingeschränkte Übertragbarkeit der Ergebnisse ergibt sich aus der Tatsache, dass im Untersuchungszeitraum in Niedersachsen ein großer Teil der Akkreditierungsverfahren durch die Akkreditierungsagentur ZEvA durchgeführt worden ist. Neben der ZEvA waren insbesondere die Agenturen ASIIN und ACQUIN in Niedersachsen tätig. In anderen Bundesländern sieht das Verhältnis der beauftragten Akkreditierungsagenturen anders aus. Die im Rahmen der Studie und auch vom Akkreditierungsrat[43] festgestellten Unterschiede zwischen den unterschiedlichen Agenturen hinsichtlich der Akkreditierungspraxis könnten für andere Bundesländer zu anderen Auflagen geführt haben. Wenn der Akkreditierungsrat die Arbeit der Akkreditierungsagenturen im Rahmen von Monitoring-Verfahren ausreichend kontrollieren könnte, wäre der Einfluss dieses Agentur-Bias begrenzt. Der Akkreditierungsrat räumt jedoch selbstkritisch ein, dass

> »das System mit [...] konkurrierenden Akkreditierungsagenturen notwendigerweise zur Folge [hat], dass die Entscheidungen der Agenturen nicht immer konsistent sind,

42 Die Fächer Medizin, Pharmazie und Rechtswissenschaft haben nicht auf die neue Struktur umgestellt und müssen nicht akkreditiert werden. Zu Unterschieden in der Fächerverteilung in verschiedenen Bundesländern können keine Aussagen gemacht werden.

43 Vgl. AR (2009c); AR (2010c).

> auch wenn alle Agenturen auf der Grundlage derselben Verfahrensregeln und Kriterien arbeiten. Der Akkreditierungsrat muss seine Bemühungen verstärken, die konsistente Anwendung der Regeln zu gewährleisten.«[44]

Eine insgesamt deutschlandweit einheitliche Spruchpraxis der Agenturen ist daher nicht zu erwarten.

Der explorative Teil der Untersuchung begann mit der Dokumentenanalyse, in deren Rahmen die Akkreditierungsentscheidungen für 1380 niedersächsische (Teil-)Studiengänge in der Zeit von Juli 2004 bis Dezember 2009 erhoben wurden (Vollerhebung).

Die Datenbeschaffung für die Dokumentenanalyse erwies sich als schwierig. Das Niedersächsische Ministerium für Wissenschaft und Kultur hatte dem Projektteam im Oktober 2009 eine Liste mit fast allen niedersächsischen Studiengängen übermittelt.[45] Diese Liste war Grundlage für eine erste Datentabelle der Dokumentenanalyse, die kontinuierlich erweitert wurde.[46] Die fehlenden Akkreditierungsentscheidungen wurden mit Hilfe einer Internetrecherche in den Datenbanken der Akkreditierungsagenturen und des Akkreditierungsrats ergänzt. Insgesamt konnten in 1286 von 1380 Fällen die Angaben zu den Auflagen identifiziert werden, was einem Anteil von 93,2 % entspricht. Die Rohdaten, d.h. die Auflagentexte aus den Akkreditierungsentscheidungen, waren von sehr unterschiedlicher Qualität. Während die Unterscheidung in beauflagte und nicht beauflagte Akkreditierungen (d.h. mit und ohne Beanstandungen) mit hoher Genauigkeit vorgenommen werden konnte, erhöhte sich die Unsicherheit bei der Beschaffung der Auflagentexte. Zum Teil lagen nicht die Originaltexte für die Auflagen vor, insbesondere, wenn diese aus Internettabellen recherchiert wurden. Es ist davon auszugehen, dass die Texte in diesen Fällen nur in zusammengefasster und gekürzter Form vorlagen. Das hat insbesondere Auswirkungen auf den Detaillierungsgrad der inhaltlichen Analyse gehabt. Während die Verletzung eines AR-Standards noch hinreichend präzise bestimmt werden konnte, ergaben sich auf den Ebenen der AR-Kriterien und der konkreten Beanstandungen Unsicherheiten. Die nachfolgend dargestellten Ergebnisse zu den AR-Kriterien (mittlere Anzahl verletzter Kriterien) müssen daher entsprechend vorsichtig interpretiert werden.

---

44 Vgl. AR (2007).

45 184 Studiengänge fehlten und mussten ergänzt werden.

46 Es war ursprünglich geplant, zur Erhebung relevanter Merkmale der Untersuchungseinheit auch die Bewertungsberichte hinzuzuziehen. Die Hochschulen hätten dafür ihre Akkreditierungsunterlagen dem Projekt zur Verfügung stellen müssen. Verschiedene Hochschulen folgten der Anfrage des Projektteams und übersandten die entsprechenden Bewertungsberichte bzw. Akkreditierungsentscheidungen. Die Anfrage ist jedoch trotz der Zusicherung von Anonymität auch teilweise auf negative Resonanz gestoßen.

Die Auflagen wurden mittels quantitativer und qualitativer Inhaltsanalyse ausgewertet. Die quantitativen Auswertungen strukturieren das Material (strukturierte Inhaltsanalyse), und die qualitativen Auswertungen geben Hinweise auf tiefer liegende Strukturen (interpretativ-sinnverstehende Inhaltsanalyse), so dass durch die quantitativ geleitete Methodik der Blick auf den Inhalt des Textes nicht verstellt wird. Auf dem Hintergrund der inhaltsanalytischen Verfahren wurde die Themenanalyse als Standardverfahren für die Analyse von Massentexten verfolgt.[47] Die Durchführung der strukturierten Themenanalyse basierte auf einem abstrakten Klassifikationsschema, für das ein Kodierkonzept mit ergänzenden Kategorien entwickelt wurde. Dieses enthielt für jede zu kodierende Variable vorgegebene Kodes, nach denen verschlüsselt wurde. Dabei kamen formale, inhaltliche, typisierende und skalierende Gesichtspunkte in Betracht. Die eingangs formulierten Ziele und Leitfragen der Untersuchung schränkten die Inhaltsanalyse auf inhaltliche Kategorien ein. Da es sich bei der Inhaltsanalyse um ein nicht-reaktives Verfahren handelt, können die Ergebnisse der Untersuchung immer wieder aktualisiert werden. Falls die Befunde weitere Fragen aufwerfen, könnten dieselben Auflagen in Folgeuntersuchungen noch mal erhoben werden, ohne dass methodische Einwände möglich wären. Die Ergebnisse der Dokumentenanalyse lieferten wichtige Hinweise auf die Reformbereiche, in denen die Umsetzung der Vorgaben nicht gut gelungen ist. Sie wurden für den zweiten Teil der empirischen Studie genutzt, um Items für die Befragungen zu generieren.

Befragt wurden Vizepräsidenten für Studium und Lehre, Qualitäts- und Bologna-Beauftragte, Studiendekane und Programmverantwortliche sowie Studierendenvertreter. An die Vizepräsidenten für Studium und Lehre, Qualitäts- und Bologna-Beauftragte, Studiendekane und Programmverantwortliche wurden standardisierte Fragebögen online versandt. Diese Methode hat den Vorteil, dass verantwortliche Hochschulmitarbeiter, die in der Regel eine relativ hohe Termindichte haben, nicht zu einem separaten Befragungstermin gebeten werden mussten, sondern den Fragebogen direkt an ihrem Bildschirm ausfüllen konnten. Aufgrund der geringen Kosten und des niedrigen Zeitaufwands konnten viele Funktionsträger angeschrieben werden. Befragt wurden zwischen Januar bis März 2011 insgesamt 509 niedersächsische Hochschulmitarbeiter, die für die Qualität von Studium und Lehre zuständig waren. Es handelte sich dabei um 146 Studiendekane, 15 Vizepräsidenten für Studium und Lehre, 330 Programmverantwortliche und 18 Qualitäts- und Bologna-Beauftragte.

Der Befragung wurde eine E-Mail vorgeschaltet, in welcher das Ziel der Studie erläutert und Anonymität zugesichert wurde. Das Programm EvaSys, welches für die Auswertung herangezogen wurde, lässt keinen Rückschluss auf die Be-

47 Vgl. Merten (1983).

fragten zu. An der Befragung haben sich 189 Personen beteiligt, so dass eine Rücklaufquote von 37 % realisiert wurde. Besonders häufig beteiligten sich Qualitäts- und Bologna-Beauftragte sowie die Studiendekane. Von den Programmverantwortlichen gab es weniger Rücklauf. Die mehrfache Teilnahme von Personen an der Befragung wurde verhindert, indem ein Transaktionsnummernsystem (TAN) verwendet wurde: Jeder Proband konnte den Fragebogen nur einmal ausfüllen.

Die Auswertung der geschlossenen Antwortkategorien erfolgte mittels deskriptiver Statistik und Inferenzstatistik mit dem Ziel, gesicherte Informationen über die Zusammenhänge und Unterschiede innerhalb der Stichprobe zu gewinnen. Die Auswertung der offenen Antworten erfolgte mittels qualitativer Inhaltsanalyse.[48]

Von den Fachschaften wurden 24 Studierendenvertreter aus 10 verschiedenen Hochschulen zu einem Interview eingeladen, um vertiefte Informationen zu Mechanismen, Bedingungen und Ursachen von Umsetzungsproblemen zu erhalten. Die Auswahl erfolgte nach der Zugehörigkeit zum Fach. Die Befragten repräsentierten fast alle Hauptstudienbereiche der niedersächsischen Hochschulen. Die Gespräche wurden durch den Interviewer strukturiert, zugleich jedoch offen geführt, so dass die Befragten zu jedem Problembereich ihre Einschätzung ausführlich erläutern und auf Ursachen und Bedingungen für etwaige Umsetzungsschwierigkeiten eingehen konnten. Die 24 Interviews wurden mit dem Einverständnis der Interviewpartner aufgezeichnet und – wie bei der Befragung – mit der Methode der qualitativen Inhaltsanalyse ausgewertet.

48 Vgl. Mayring (2008).

4. Dokumentenanalyse

4.1 Kodierkonzept – Probleme unzureichender Standardisierung

Die Erarbeitung eines Kodierkonzepts gehört zur Kernaufgabe einer Dokumentenanalyse. Es enthält ein Kategorienschema, das die Kodierung der Merkmalsausprägungen bestimmt, sowie Kodieranweisungen, die festlegen, wie die zu erhebenden Dokumente in Kodes zu »übersetzen« sind.

Das Kodierkonzept gliederte sich in zwei Teile. Im ersten Teil wurden Strukturvariablen erfasst, die die Hochschule und ihre Studiengänge betreffen. Es wurden Informationen über Art, Trägerschaft und Größe der Hochschule sowie Informationen zu ausgewählten Merkmalen der Studiengänge und deren Akkreditierung kodiert. Mit Ausnahme von zwei Variablen wird an dieser Stelle auf eine detaillierte Vorstellung des Kodierkonzepts verzichtet, da die meisten Variablen im Ergebnisteil selbsterklärend sind:

1. Die Hochschulgröße variiert im Erhebungszeitraum. Deshalb wurde die aktuelle Hochschulgröße (Stand: Herbst 2010) in Intervallen erfasst. Für Fachhochschulen und Universitäten wurden nach Erfahrungswerten unterschiedliche Intervalle gebildet, da für beide Hochschulformen andere Studierendenzahlen als Unterscheidungskriterien gelten.
2. Die Studiengänge wurden im Kodierkonzept Hauptstudienbereichen zugeordnet, da angenommen wird, dass die Fachkultur des Studiengangs einen wesentlichen Einfluss auf die Umsetzung der Studienstrukturreform hat.[49]

Im zweiten Teil wurden die Auflagen der bedingten Akkreditierungsentscheidungen kodiert. Diese wurden als Indikatoren von Qualitätsmängeln interpretiert, da sie die Reformbereiche indizieren, in denen die Vorgaben für die Stu-

49 Die Hauptstudienbereiche und Fächer wurden in Anlehnung an die Empfehlungen des Wissenschaftsrats gebildet (Wissenschaftsrat, 1978). Teilweise fanden bei der Zuordnung der Studiengänge auch Module oder Studienverlaufsübersichten Berücksichtigung, die durch eine Internetrecherche ermittelt wurden.

dienstrukturreform verletzt wurden. Hauptziel der Kodierung ist es deshalb, die Beanstandungen in eindeutiger Weise den Vorgaben für die Strukturreform, d.h. den Akkreditierungskriterien des Akkreditierungsrats, zuzuordnen.[50] Dem Kodierkonzept wurden die Vorgaben zu Grunde gelegt, die im Dezember 2009 gültig waren. Bei der Konstruktion der Mängelkategorien im Kodierkonzept wurde schnell ersichtlich, dass die Vorgaben auf unterschiedlichen Abstraktionsniveaus formuliert und teilweise nicht trennscharf sind. Dies erschwerte eine methodisch korrekte und eindeutige Kategorienbildung. Daher wurden die Vorgaben im Kodierkonzept entlang dreier Differenzierungsniveaus kodiert:

Den Ausgangspunkt bildeten die sogenannten »Kriterien für die Akkreditierung von Studiengängen« des Akkreditierungsrats.[51] Diese Kriterien haben jedoch den Charakter von Standards, vergleichbar den »European Standards (and Guidelines) for Quality Assurance in Higher Education«[52] und wurden deshalb im Rahmen dieser Studie als Standards des Akkreditierungsrats (AR-Standards) bezeichnet. Unter jedem AR-Standard wurde eine unterschiedliche Anzahl von Vorgaben zusammengefasst, die dazu dienten, prüfbare Kriterien für die Akkreditierung zu gewinnen bzw. diese zu operationalisieren. Diese Vorgaben wurden in dieser Studie als Kriterien des Akkreditierungsrats (AR-Kriterien) bezeichnet. Die dritte Ebene bilden die Beanstandungen aufgrund von Qualitätsmängeln. Diese konnten aus den AR-Kriterien abgeleitet werden oder fanden sich als Auflagen in den Akkreditierungsbescheiden der Agenturen. Abbildung 2 stellt das dreistufige Kodierkonzept dar; absolute Trennschärfe konnte jedoch nicht realisiert werden.

Die Kategorien der zweiten und dritten Differenzierungsebene wurden induktiv erarbeitet. Aus den Auflagen, die zumeist aus mehreren Beanstandungen bestanden, wurden alle empirisch vorkommenden und theoretisch möglichen Beanstandungen als Kategorien für das Kodierkonzept gewonnen und so trennscharf wie möglich den Standards des Akkreditierungsrats zugeordnet. War eine eindeutige Zuordnung einer Beanstandung zu den Kategorien des Kodierkonzepts nicht möglich, wurde diese zunächst in der Kategorie »Sonstige« festgehalten und anschließend ggf. zu einer neuen Kategorie aggregiert. Dieser Prozess erfolgte iterativ, damit das Erhebungsinstrument das Qualitätskriterium der »Vollständigkeit« erfüllte. Durch dieses Vorgehen wurde gesichert, dass die durch Auflagen indizierten Umsetzungsschwierigkeiten entlang den Standards und Kriterien des Akkreditierungsrats erfasst wurden und sich bei

50 Im Untersuchungszeitraum (Juli 2004 – Dezember 2009) und im Jahr 2010 wurden die akkreditierungsrelevanten Vorgaben überarbeitet.

51 Vgl. AR (2006).

52 Vgl. ENQA (2009).

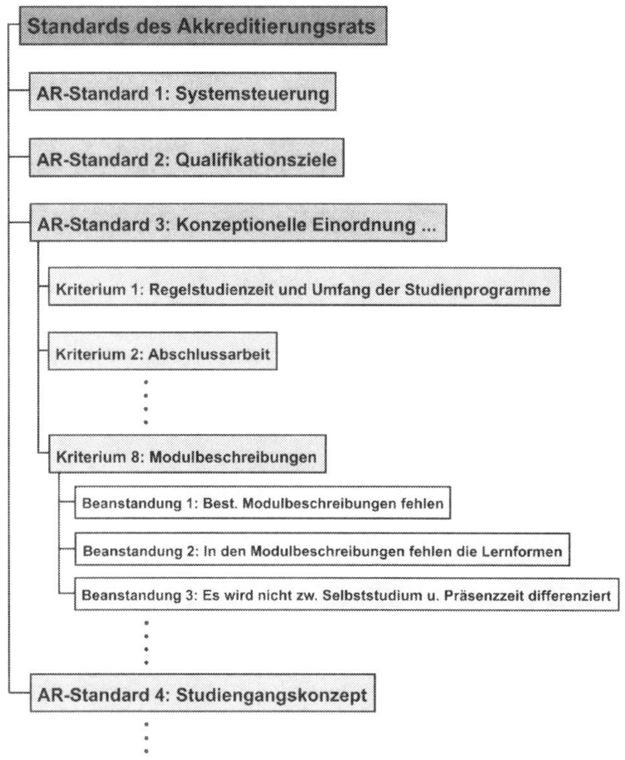

Abbildung 2: Dreistufiges Differenzierungsschema des Kodierkonzepts: Zusammenhang zwischen AR-Standards, AR-Kriterien und Beanstandungen.

der Auswertung diesen zuordnen ließen. War keine Zuordnung der Auflage bzw. der darin enthaltenen Beanstandung zu einem Kriterium möglich, sprach dies für einen Fehler der Akkreditierungsagentur im Verfahren.[53]

Im Zuge der Dokumentenanalyse wurde deutlich, dass in den einzelnen Auflagen unterschiedlich viele Vorgabenverletzungen beanstandet wurden. Es gab Auflagen, die nur einen Mangel beanstandeten und Auflagen, in denen zahlreiche und z. T. ganz unterschiedliche Mängel angesprochen wurden. Die Betrachtung der Zahl der Auflagen war somit nicht zielführend. Bei der Analyse der Daten wurde die Anzahl verletzter Vorgaben herangezogen, die mithilfe des Kodierkonzepts aus den Auflagen abgeleitet werden konnten. Kodiert und ausgewertet wurde, ob Studiengänge beanstandet wurden, wie hoch die Anzahl

53 Es gab auch Fälle, in denen Auflagen aufgrund von Formulierungsfehlern für die Kodierung unbrauchbar wurden. In 9,5 % der Fälle (n=376) konnten Beanstandungen keinem Kriterium und somit keinem Kode zugeordnet werden. Auf eine Auswertung dieser fehlerhaften Fälle wurde im Rahmen dieser Studie verzichtet.

von verletzten Vorgaben je Studiengang war und welche mittlere Anzahl von Vorgabenverletzungen je Studiengang festgestellt werden konnte. Die mittlere Anzahl verletzter Vorgaben stellte dabei ein Maß für die Ausprägung der Umsetzungsschwierigkeiten der Studienstrukturreform dar.
Die spezifische Akkreditierungsterminologie und die uneinheitliche Spruchpraxis innerhalb und zwischen den Akkreditierungsagenturen bei der Interpretation der Vorgaben und der Formulierung der Auflagen machte es erforderlich, dass die Auflagen von Personen kodiert wurden, die mit Akkreditierungsverfahren Erfahrung hatten. Die Interkoder-Reliabilität bei der Auflagenkodierung betrug zwischen zwei akkreditierungserfahrenden Kodierern zunächst 69 %, konnte aber durch weitere Operationalisierungen und Konkretisierungen im Kodierkonzept verbessert werden. Bei der Zuordnung von 404 Beanstandungen im Rahmen eines erneuten Pre-Tests wurde schließlich eine Interkoder-Reliabilität von 86,9 % erreicht.

4.2 Verteilung der (Teil-)Studiengänge

Die untersuchten 1380 niedersächsischen (Teil-)Studienstudiengänge wurden zwischen dem 01. Juli 2004 und dem 31. Dezember 2009 akkreditiert bzw. reakkreditiert. Insgesamt wurden in der Stichprobe Akkreditierungsverfahren an 25 Hochschulen (darunter sechs privaten) und elf Berufsakademien ausgewertet.[54] Tabelle 1 zeigt die Verteilung der (Teil-)Studiengänge auf die Hochschulen und Berufsakademien. 1036 akkreditierte (Teil-)Studiengänge wurden an Universitäten angeboten, 329 an Fachhochschulen und 15 Bachelorausbildungsgänge an Berufsakademien.

54 Die GISMA Business School und die Norddeutsche FH für Rechtspflege befinden sich nicht in der Grundgesamtheit, da sie im untersuchten Zeitraum keine akkreditierten Studiengänge angeboten haben. Die Evangelische Fachhochschule Hannover (eigenständig bis August 2007, eingegangen in die Fachhochschule Hannover) und die Fachhochschule im DRK Göttingen (eigenständig bis 2008) wurden aufgenommen, obwohl sie mittlerweile als eigene Institutionen nicht mehr existieren. Die Fachhochschule Oldenburg, Ostfriesland, Wilhelmshaven wurde inzwischen in zwei Hochschulen geteilt: Die Jade Hochschule Wilhelmshaven / Oldenburg / Elsfleth sowie die Hochschule Emden / Leer.

Tabelle 1: Verteilung der akkreditierten niedersächsischen (Teil-)Studiengänge auf die Hochschulen und Berufsakademien. Dargestellt sind die jeweilige Anzahl der Studiengänge und ihre relative Häufigkeit

Hochschulen und Berufsakademien	**(Teil-) Studiengänge**	
	n	**%**
Universität Osnabrück	191	13,8
Carl-von-Ossietzky-Universität Oldenburg	182	13,2
Georg-August-Universität Göttingen	176	12,8
Leibniz-Universität Hannover	151	10,9
Technische Universität Carolo-Wilhelmina zu Braunschweig	105	7,6
Hochschule Osnabrück	79	5,7
Universität Hildesheim	73	5,3
Fachhochschule Oldenburg / Ostfriesland / Wilhelmshaven (inzw. wieder in zwei Hochschulen geteilt: Jade Hochschule Wilhelmshaven / Oldenburg / Elsfleth und Hochschule Emden / Leer)	67	4,9
Universität Vechta (ehemals Hochschule Vechta)	59	4,3
Ostfalia Hochschule für angewandte Wissenschaften	56	4,1
Hochschule Hildesheim / Holzminden / Göttingen	43	3,1
Fachhochschule Hannover	42	3,0
Leuphana-Universität Lüneburg	42	3,0
Technische Universität Clausthal	33	2,4
Private Hochschule Göttingen	12	0,9
Hochschule für Bildende Künste Braunschweig	9	0,7
Hochschule für Musik, Theater und Medien Hannover	8	0,6
Evangelische Fachhochschule Hannover (inzwischen in die Fachhochschule Hannover eingegliedert)	8	0,6
Hochschule 21 Buxtehude	6	0,4
Fachhochschule der Wirtschaft Hannover	6	0,4
Private Fachhochschule für Wirtschaft und Technik Vechta / Diepholz / Oldenburg	5	0,4
Medizinische Hochschule Hannover	4	0,3
Fachhochschule Ottersberg	3	0,2
Stiftung Tierärztliche Hochschule Hannover	3	0,2
Berufsakademie Emsland in Lingen (inzwischen Teil der Hochschule Osnabrück)	3	0,2
Leibniz-Akademie Hannover (inzwischen Hochschule)	3	0,2
Fachhochschule im DRK Göttingen (aufgelöst)	2	0,1
Berufsakademie Weserbergland in Hameln (inzwischen Hochschule Weserbergland)	2	0,1
Welfenakademie Braunschweig	2	0,1
Berufsakademie für Bankwirtschaft in Hannover, Rastede und Rendsburg	2	0,1
Berufsakademie Göttingen	1	0,1
Berufsakademie Lüneburg	1	0,1
Berufsakademie Ostfriesland in Leer	1	0,1
Gesamt (Studiengänge)	1380	100,0 %

Die akkreditierten Studiengänge deckten alle Hauptstudienbereiche und Fächer ab. Unter den Studiengängen befanden sich auch Fächerbeteiligungen an Kombinationsstudiengängen (z. B. polyvalente Zwei-Fächer-Bachelorstudiengänge und Lehramtsmaster); die Drittfächer im Lehramt blieben jedoch unberücksichtigt, weil für sie keine separaten Akkreditierungsentscheidungen getroffen wurden. Aus Tabelle 2 geht hervor, dass die meisten Studiengänge dem Hauptstudienbereich »Ingenieurwissenschaftliche Studiengänge« zugehören (n= 201), gefolgt von den »Sprach- und Medienwissenschaftlichen Studiengängen« (n=193).

Tabelle 2: Verteilung der akkreditierten niedersächsischen Studiengänge nach Hauptstudienbereichen

Hauptstudienbereiche	**Studiengänge**	
	n	**%**
Ingenieurwissenschaftliche Studiengänge	217	15,7
Sprach- / Medienwissenschaftliche Studiengänge	193	14,0
Wirtschaftswissenschaftliche Studiengänge	156	11,3
Naturwissenschaftliche Studiengänge	119	8,6
Formalwissenschaftliche Studiengänge[55]	115	8,3
Lebenswissenschaftliche Studiengänge	108	7,8
Gestalterische Studiengänge	100	7,2
Sozial- und Gesellschaftswissenschaftliche Studiengänge	96	7,0
Theologische u. philosophische Studiengänge	89	6,4
Erziehungs- und Bildungswissenschaftliche Studiengänge	85	6,2
Kultur- / Geschichtswissenschaften	75	5,4
Grüne Fächer	27	2,0
Gesamt (Studiengänge)	**1380**	**100,0**

Aus Tabelle 3 wird die Verteilung der Abschlussbezeichnungen ersichtlich. 644 Studiengänge führten zum Bachelor- und 710 zum Master-Abschluss, wobei 344 Masterstudiengänge dem Bereich Lehramt (Master of Education) zuzuordnen waren.[56]

55 Z.B. Mathematik, Informatik, Logik und Systemwissenschaft..

56 Da laut Niedersächsischem Hochschulgesetz auch PhD-Studiengänge akkreditiert werden müssen, wurden diese auch in die Auswertung aufgenommen (n = 16), Missing: n=10, Niedersächsisches Ministerium für Wissenschaft und Kultur (2010a).

Tabelle 3: Verteilung der akkreditierten niedersächsischen Studiengänge nach Abschlussbezeichnungen

Abschlussbezeichnungen	Studiengänge Nds.	
	n	%
Bachelor of Arts (B.A.)	338	24,5
Bachelor of Science (B.Sc.)	207	15,0
Bachelor of Engineering (B.Eng.)	90	6,5
Bachelor of Laws (LL.B.)	7	0,5
Bachelor of Fine Arts / Music (B.F.A.) / (B.Mus.)	2	0,1
Bachelor insgesamt	**644**	**46,6**
Master of Education (M.Ed.)	344	24,9
Master of Science (M.Sc.)	168	12,2
Master of Arts (M.A.)	142	10,3
Master of Engineering (M.Eng.)	31	2,2
Master of Business Administration (MBA)	17	1,2
Master of Laws (LL.M.)	7	0,5
Master of Fine Arts / Music (M.F.A.) / (M.Mus.)	1	0,1
Master insgesamt	**710**	**51,4**
Doktoratsstudiengänge, PhD	**16**	**1,2**
Nicht eindeutig zuzuordnen	**10**	**0,7**
Gesamt (Studiengänge)	**1380**	**100,0**

Betrachtet man die Verteilung der akkreditierten (Teil-)Studiengänge über den Erhebungszeitraum, so ist ersichtlich, dass 57,5 Prozent der (Teil-)Studiengänge (n=794) zwischen dem 1.7.2007 und dem 31.12.2008 akkreditiert wurden. Aufgrund der Akkreditierungsfristen wird daher die nächste Akkreditierungswelle an den niedersächsischen Hochschulen im Jahr 2013 beginnen.

Die Verteilung der akkreditierten niedersächsischen Studiengänge nach der Regelstudienzeit (Abbildung 3) zeigt, dass die meisten niedersächsischen Hochschulen sich dazu entschieden haben, »6+4-Modelle« anzubieten: Der Bachelor wurde 6- und der Master 4-semestrig angeboten (n=866, entspricht 63 %).[57] In 158 Fällen wurden 2-semestrige und in 28 Fällen 3-semestrige Masterprogramme konzipiert. Die Möglichkeit, den Bachelor auf sieben oder acht Semester auszudehnen, wurde von den Hochschulen vergleichsweise wenig genutzt: In 62 Fällen wurden 7-semestrige und in 31 Fällen 8-semestrige Bachelorprogramme konzipiert.

Die Akkreditierungsverfahren für die 1380 erhobenen (Teil-)Studiengänge wurden ganz überwiegend von der ZEvA durchgeführt, darüber hinaus von ACQUIN und ASIIN.[58] Hierbei handelte es sich weitgehend um Erstakkreditierungen (n=1236); lediglich 144 Verfahren waren Reakkreditierungen.[59]

57 463 6-semestrige Bachelor- und 403 4-semestrige Masterprogramme = 866 Studiengänge.

58 Die übrigen drei Agenturen haben lediglich 39 Akkreditierungsverfahren in Niedersachsen betreut.

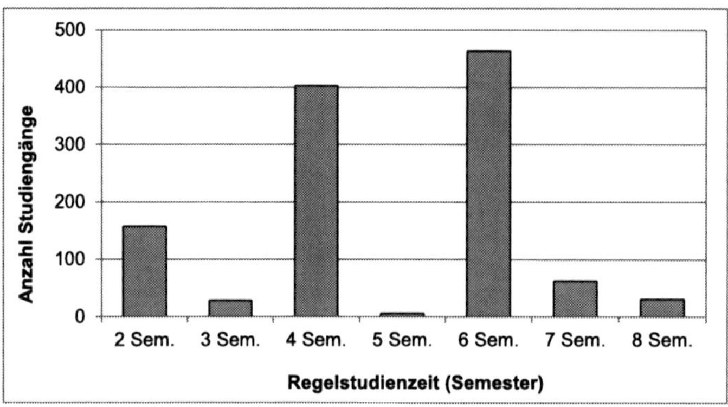

Abbildung 3: Verteilung der akkreditierten niedersächsischen Studiengänge nach Regelstudienzeiten.

4.3 Art und Häufigkeit von Beanstandungen

Eine zentrale Leitfrage der Untersuchung bezieht sich auf die in den Akkreditierungsverfahren festgestellten Verstöße gegen Kriterien: »Inwieweit entsprechen die neuen Studiengänge den Kriterien der KMK und des Akkreditierungsrats für die Studienreform?«

Zunächst wurde geprüft, inwieweit die niedersächsischen Akkreditierungsverfahren zwischen Juli 2004 und Dezember 2009 zu Beanstandungen geführt haben, weil mindestens gegen ein Kriterium des Akkreditierungsrats verstoßen wurde. Darüber hinaus wurde ausgewertet, wie viele Kriterien pro Studiengang verletzt wurden. Tabelle 4 kann entnommen werden, dass bei 1380 untersuchten (Teil-)Studiengängen 1015 Studiengänge beanstandet wurden. Dies entspricht einem Anteil von 73,6 %. Es wurden zwischen null und 13 Auflagen pro Studiengang ausgesprochen. Die durchschnittliche Auflagenhäufigkeit beträgt 2 pro Studiengang.

Tabelle 4: Anzahl und relative Häufigkeit der Beanstandungen von (Teil-)Studiengängen

Beanstandungen	Anzahl (Verfahren)	Rel. Häufigkeit (%)
Ja	1015	73,6
Nein	365	26,4
Gesamt (Studiengänge)	1380	100,0

59 Bei 43 Studiengängen konnte nicht zwischen Erst- und Reakkreditierung unterschieden werden.

Betrachtet man die relative Häufigkeit beanstandeter Studiengänge pro Jahr für die Jahre 2004 bis 2009 (Abbildung 4), so wird ersichtlich, dass sukzessive immer mehr Studiengänge beanstandet wurden. Waren es im Jahr 2004 noch 60 % der Studiengänge, so steigt dieser Anteil bis zum Jahr 2009 auf fast 90 %. Zwischen dem Jahr der Akkreditierungsentscheidung und dem Vorliegen einer Beanstandung besteht ein signifikanter Zusammenhang [Cramers $V=0.15$; $p<.001$].

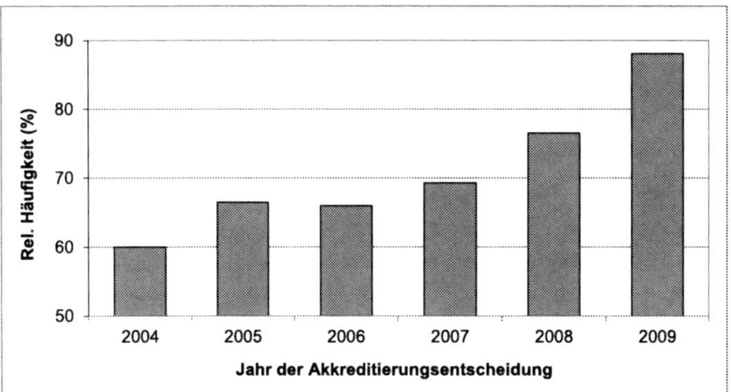

Abbildung 4: Beanstandete Studiengänge im Zeitverlauf (relative Häufigkeit der Beanstandungen an der Gesamtzahl der Akkreditierungsentscheidungen). Für das Jahr 2004 wurden nur Studiengänge berücksichtigt, die zwischen Juli und Dezember akkreditiert wurden.

Bei der Anzahl verletzter Kriterien zeigt sich in Abhängigkeit vom Jahr der Akkreditierungsentscheidung ein ähnliches Bild (Abbildung 5): Die mittlere Anzahl verletzter Kriterien unterscheidet sich im Zeitverlauf ebenfalls signifikant [Kruskal-Wallis-Test; [$\chi^2(5)=83.2$; $p<.001$]. Das Ergebnis ist allerdings vor allem auf den erhöhten Wert des Jahres 2009 zurückzuführen.[60]

60 Die sprunghafte Zunahme von Beanstandungen bzw. verletzten Kriterien im Jahr 2009 könnte lediglich ein Ausreißerwert sein. Um dieses festzustellen, hätten die nachfolgenden Jahre einbezogen werden müssen.

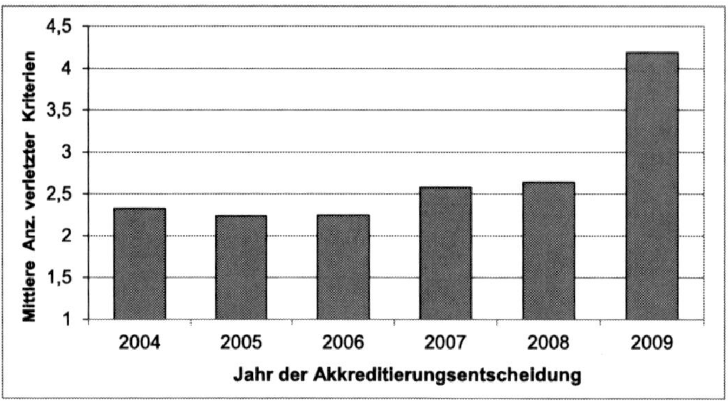

Abbildung 5: Mittlere Anzahl verletzter Kriterien je Studiengang für die Jahre 2004 bis 2009.

Eine weitere Leitfrage bezieht sich auf das Gelingen der Reformumsetzung: »Gelang die Umsetzung der Reform in allen Hochschultypen (differenziert nach Hochschulart, -größe, -trägerschaft) und Hauptstudienbereichen sowie bei allen Abschlussarten gleichermaßen?«

Zur Beantwortung dieser Frage wurde zunächst berechnet, inwieweit strukturelle Drittvariablen, die verschiedene Hochschultypen kennzeichnen, einen Einfluss auf die Häufigkeit der Beanstandungen und die Anzahl verletzter Kriterien in Akkreditierungsverfahren hatten. Diese Informationen sind insofern relevant, als Umsetzungsschwierigkeiten in der Studienstrukturreform mit der Hochschulart (Universität, Fachhochschule, Berufsakademie[61]), der Hochschulträgerschaft (privat/staatlich) und der Hochschulgröße (klein, mittel, groß) zusammenhängen können. In den Befunden ist ein Einfluss der Hochschulart auf die Beanstandungshäufigkeit allerdings nicht feststellbar [$\chi^2(2)=5.7$; n.s.], d.h. Studiengänge an Fachhochschulen und Universitäten sowie Ausbildungsgänge an Berufsakademien werden gleich häufig beanstandet.

Betrachtet man die Anzahl verletzter Kriterien pro Studiengang, so zeigt sich ebenfalls kein signifikanter Unterschied zwischen den verschiedenen Hochschularten [Kruskal-Wallis-Test; $\chi^2(2)=1.3$; n.s.]. Folglich hängt es nicht von der Hochschulart ab, ob die Reform erfolgreich umgesetzt werden konnte.

Die Art der Hochschulträgerschaft spielt als beeinflussende Variable für die Anzahl der Beanstandungen ebenfalls keine Rolle. Sie hat weder einen Einfluss auf die Häufigkeit beanstandeter Studiengänge [$\chi^2(1)=0.95$; n.s.], noch auf die Anzahl verletzter Kriterien [Mann-Whitney-U=16229; $n_1=976$, $n_2=39$; n.s.]. Ob

61 Berufsakademien gehören formal nicht zu den Hochschulen, bieten jedoch als Einrichtungen des tertiären Bildungssektors Ausbildungsgänge mit Bachelorabschluss an und unterliegen der Akkreditierungspflicht.

eine Hochschule sich in staatlicher oder privater Trägerschaft befindet, steht somit in keinem Zusammenhang mit Schwierigkeiten bei der Umsetzung der Reform.

Anders dagegen verhält es sich bei der Hochschulgröße, die für Fachhochschulen und Universitäten gemäß Tabelle 5 unterschieden wurde.

Tabelle 5: Definition der Hochschulgröße nach der Anzahl der Studierenden

	Größe der Institution		
Hochschulart	klein	mittel	groß
Universität	<6.000 Stud.	6.000 - 12.500 Stud.	>12.500 Stud.
Fachhochschule	<2.000 Stud.	2.000 - 6.000 Stud.	>6.000 Stud.

Betrachtet man in Abbildung 6 zunächst die Beanstandungshäufigkeit an den Fachhochschulen, so scheint es, als würden Studiengänge an kleinen Fachhochschulen häufiger beanstandet als an mittelgroßen und großen Fachhochschulen. Dieser Unterschied ist jedoch nicht signifikant [$\chi^2(1)=1.0$; n.s.]. Ein signifikanter Größeneffekt lässt sich hingegen bei den Universitäten ausmachen: Große Universitäten haben deutlich weniger beanstandete Studiengänge als mittelgroße und kleine [$\chi^2(2)=23.7$; $p<.001$].

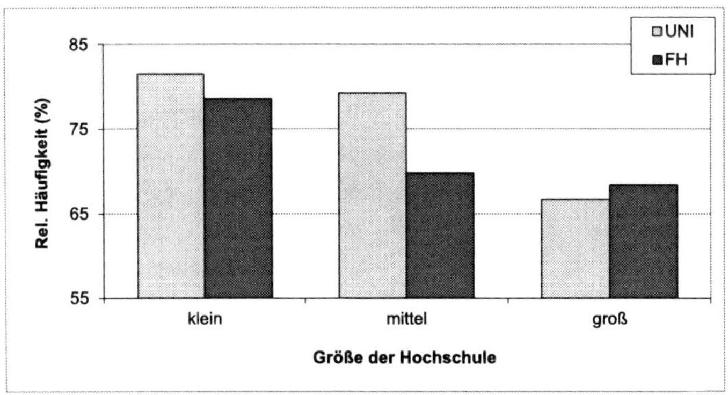

Abbildung 6: Beanstandete (Teil-)Studiengänge an Hochschulen in Abhängigkeit von der Hochschulgröße. Die relative Häufigkeit bezieht sich auf die Gesamtzahl der beanstandeten (Teil-)Studiengänge je Größenkategorie und Hochschulart.

Betrachtet man statt der Anzahl der beanstandeten Studiengänge die Anzahl verletzter Kriterien, so zeigt sich ein vollkommen anderes Bild (Abbildung 7). Deutliche Unterschiede finden sich in Abhängigkeit von der Hochschulgröße: An großen Fachhochschulen wurden Studiengänge zwar weniger häufig beanstandet, aber bei diesen Beanstandungen wurden im Mittel mehr Vorgaben verletzt als bei kleineren und mittleren Fachhochschulen [Kruskal-Wallis-Test; $\chi^2(2)= 27.4$; $p<.001$]. Dieser Sachverhalt ist an Universitäten umgekehrt vorzufinden: An kleinen Universitäten weisen die Studiengänge im Mittel mehr verletzte Vorgaben auf als an mittleren und großen Institutionen [Kruskal-Wallis-Test; $\chi^2(2)=24.8$; $p<.001$]. Kleine Universitäten haben also insgesamt größere Probleme bei der Umsetzung der Reform, da sowohl die Anzahl der beanstandeten Studiengänge als auch die Zahl der Beanstandungen pro Studiengang größer sind als an großen Universitäten.

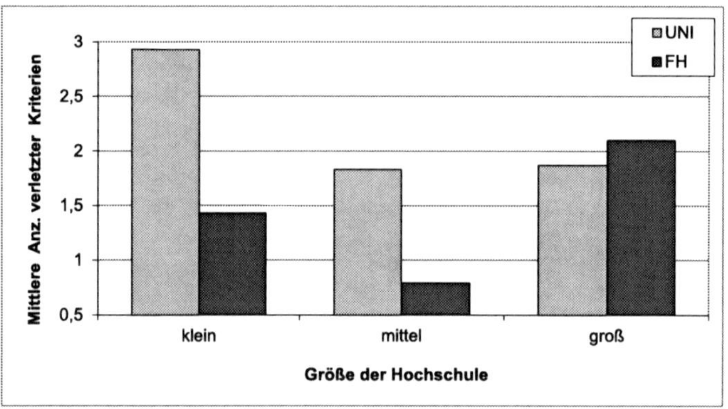

Abbildung 7: Kriterienverletzungen an Hochschulen in Abhängigkeit von der Hochschulgröße. Dargestellt ist die mittlere Anzahl verletzter Kriterien je beanstandetem Studiengang.

Die Befunde hinsichtlich der Beanstandungshäufigkeit und der Häufigkeit von Kriterienverletzungen in Abhängigkeit von der Hochschulgröße sind schwierig zu interpretieren. Eine Vermutung geht dahin, dass zur Interpretation des Zusammenhangs zwischen der Hochschulgröße und der Zahl der Akkreditierungsauflagen die Einbeziehung weiterer erklärender Variablen, wie des »hochschulinternen Qualitätsmanagements« und der »Fächerstruktur«, erforderlich wäre. Große Hochschulen können sich das für ein effektives Qualitätsmanagement notwendige Personal sowohl zentral als auch dezentral eher leisten als kleine Hochschulen; Fachhochschulen verfügen über keine geisteswissenschaftlichen Studienangebote, die unterdurchschnittlich häufig beanstandet wurden (siehe Abb. 8).

Von Interesse ist darüber hinaus, ob die Umsetzung der Reform in den unterschiedlichen Fächern gleichermaßen erfolgreich verlief. Daher wurden zunächst die Häufigkeiten der Beanstandungen und die Anzahl der Kriterienverletzungen in den verschiedenen Hauptstudienbereichen analysiert. Zu Hauptstudienbereichen wurden Studiengänge mit ähnlicher Fächerkultur zusammengefasst. Betrachtet man zunächst, welche Hauptstudienbereiche in Akkreditierungsverfahren am häufigsten beanstandet wurden, so können deutliche Differenzen ausgemacht werden [$\chi^2(11)=42.6$; $p<.001$]. In einem Ranking der relativen Häufigkeiten beanstandeter Hauptstudienbereiche liegen sechs von insgesamt 12 über dem Gesamtmittelwert von 73,6 % (Abbildung 8). Naturwissenschaftliche Studiengänge (z.B. Chemie, Physik, Geowissenschaften) wurden mit 83,2 % am häufigsten beanstandet. Deutlich über dem Gesamtmittelwert befinden sich außerdem die Studienbereiche Ingenieurwissenschaften (z.B. E-Technik/Elektronik, Bauingenieurwesen, Mechatronik, Verfahrenstechnik, Maschinenbau, Material- und Rohstoffwissenschaften), Erziehungs- und Bildungswissenschaften (z.B. Pädagogik, Soziale Arbeit/Sozialmanagement) sowie Sozial- und Gesellschaftswissenschaften (z.B. Politikwissenschaft, Rechtswissenschaft, Soziologie und Gesundheitswissenschaften).

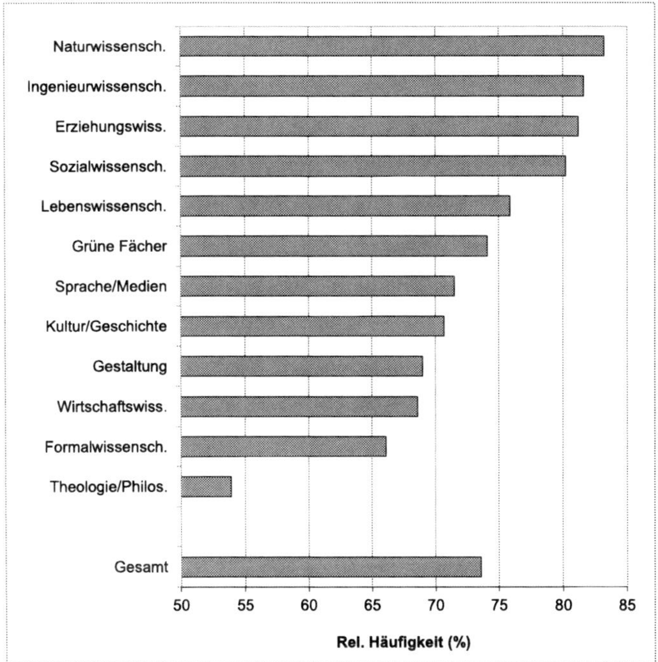

Abbildung 8: Beanstandungen in Akkreditierungsverfahren in den Hauptstudienbereichen. Dargestellt wird der Anteil beanstandeter Studiengänge an den gesamten Verfahren des jeweiligen Hauptstudienbereichs.

Welche Hauptstudienbereiche besonders problematisch sind, wird noch deutlicher, wenn man die Anzahl der verletzten Kriterien je beanstandetem Hauptstudienbereich betrachtet. Aus Abbildung 9 geht hervor, dass sich die ingenieurwissenschaftlichen Studiengänge von den übrigen Bereichen deutlich abheben, gefolgt von den Bereichen Sprache/Medien, Kultur/Geschichte und Mathematik, die ebenfalls über dem Gesamtmittelwert von 2,72 verletzen Kriterien pro Studiengang liegen [Kruskal-Wallis-Test; $\chi^2(11)=27.1$; $p<.01$]. Die Befunde zeigen, dass die Schwierigkeiten bei der Umsetzung der Reform über die Hauptstudienbereiche variieren. Besonders problematisch war die Umsetzung der Vorgaben zu Modularisierung, Studierbarkeit und Prüfungswesen in den MINT-Fächern (siehe dazu Kapitel 4.4).

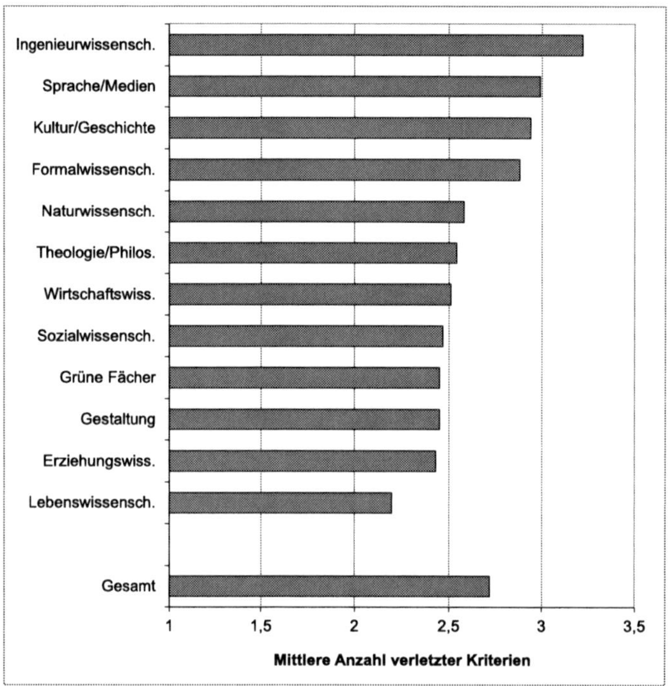

Abbildung 9: Kriterienverletzungen nach Hauptstudienbereichen. Dargestellt ist die mittlere Anzahl verletzter Kriterien je Hauptstudienbereich.

Die Häufigkeit beanstandeter Studiengänge [$\chi^2(1)=1.5$; n.s.] und die Anzahl verletzter Kriterien [Mann-Whitney-U=128383; $n_1=482$, $n_2=533$; n.s.] stehen indes in keinem Zusammenhang zur Abschlussart der Studiengänge. Bachelor- und Masterstudiengänge werden gleich häufig beanstandet und weisen die gleiche Anzahl verletzter Kriterien auf.

Zusammenfassend wird festgehalten, dass die Hochschulgröße und der Hauptstudienbereich einen Einfluss auf Beanstandungshäufigkeit und Anzahl der verletzten Kriterien in Akkreditierungsverfahren hatten. Die Befunde werden mit den Drittvariablen »Effektives Qualitätsmanagement« und »Reformresistenz« interpretiert. Keinen Einfluss auf die Umsetzungsschwierigkeiten hatten dagegen die Variablen Hochschulart, Hochschulträgerschaft und Abschlussart.

4.4 Schwierigkeiten bei der Reformumsetzung

Ein zentrales Ziel der Studie war es, Problembereiche des Reformprozesses zu identifizieren. Dafür wurde folgende Leitfrage formuliert: »Sind von den Hochschulen im Reformprozess alle Kriterien für Programmqualität gleichermaßen berücksichtigt worden?«

Zur Beantwortung dieser Frage wurden zwei Indikatoren für die statistische Analyse herangezogen:

(1) Die Verteilung der Beanstandungen auf die Standards des Akkreditierungsrats und
(2) die Verteilung der Beanstandungen auf die Kriterien des Akkreditierungsrats.

Zunächst wurde die Verteilung der verletzten Standards des Akkreditierungsrats betrachtet. Hierbei wurde berücksichtigt, dass die Standards des Akkreditierungsrats jeweils durch eine unterschiedliche Anzahl von Kriterien operationalisiert sind und die Verletzung der Kriterien wiederum durch eine unterschiedliche Anzahl möglicher Beanstandungen festgestellt werden kann. Eine reine Häufigkeitsauswertung der verletzten Standards des Akkreditierungsrats (Abbildung 10) wäre insofern nur bedingt geeignet, Problembereiche der Studienstrukturreform zu identifizieren. Deshalb wurden die verletzten Standards des Akkreditierungsrats mit der Anzahl möglicher Beanstandungen je Standard gewichtet.

Abbildung 11 können die gewichteten Verteilungen der verletzten Standards des Akkreditierungsrats entnommen werden. Am häufigsten wurde der Standard 7 (Transparenz und Dokumentation) verletzt. Häufig wurden des Weiteren Standard 6 (Prüfungssystem), Standard 5 (Durchführung des Studiengangs) und Standard 3 (Konzeptionelle Einordnung des Studiengangs in das Studiensystem) verletzt. Vergleichsweise weniger häufig waren Standard 8 (Qualitätssicherung), Standard 4 (Studiengangskonzept) und Standard 2 (Qualifikationsziele des Studiengangskonzepts) nicht erfüllt.

Die Beachtung des Standards 1 (Systemsteuerung der Hochschule) wurde nicht beanstandet. Zwar besteht die Möglichkeit, dass die niedersächsischen Hochschulen über eine einwandfreie Systemsteuerung verfügten, jedoch erscheint diese Interpretation nicht plausibel. Plausibler ist vielmehr, dass die

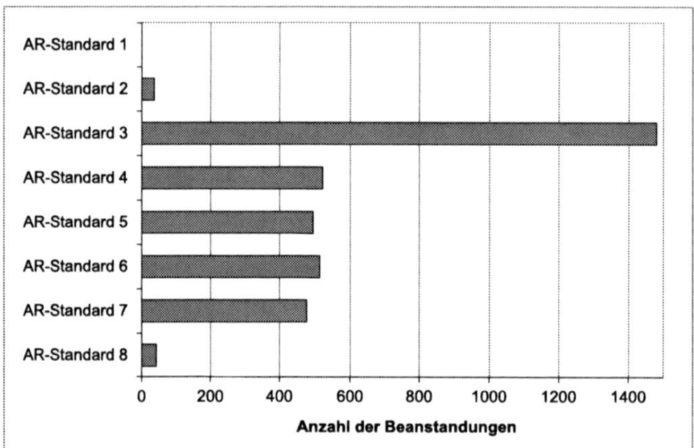

Abbildung 10: Ungewichtete Anzahl der Beanstandungen je Standard des Akkreditierungsrats.

Systemsteuerung der Hochschulen im Rahmen der Akkreditierungsverfahren auf Studiengangsebene nicht oder nicht hinreichend geprüft werden konnte.[62]

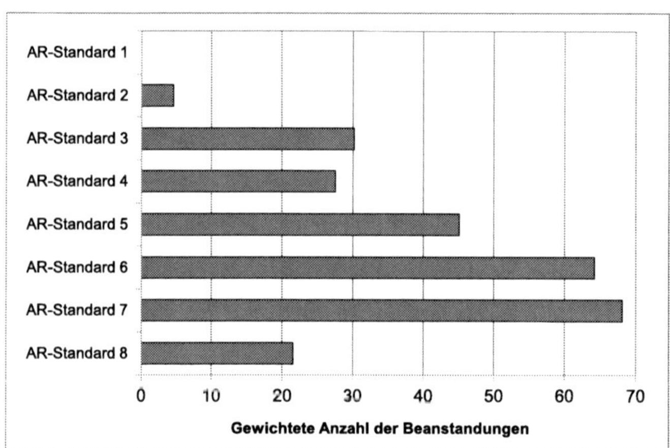

Abbildung 11: Gewichtete Anzahl der Beanstandungen je Standard des Akkreditierungsrats (Gewichtung= Beanstandungen je Standard / Anzahl möglicher Beanstandungen je Standard).

Für die weiteren Analysen wird aufgrund der Komplexität der Standards des Akkreditierungsrats die Verteilung der verletzten Kriterien bzw. die Verteilung der in der Form von Auflagen ausgesprochenen Beanstandungen herangezogen. Diese operationalisieren die verschiedenen Dimensionen der Standards und

62 Dem Akkreditierungsrat scheint dieses ebenfalls aufgefallen zu sein. In den neuen Akkreditierungskriterien ist das Kriterium »Systemsteuerung« entfallen (vgl. AR, 2010a).

sind deshalb dazu geeignet, die Wirksamkeit des Reformprozesses hinsichtlich aller Dimensionen der Programmqualität zu überprüfen. Tabelle 6 und Abbildung 12 zeigen die Verteilung der Beanstandungen auf die Kriterien des Akkreditierungsrats. Hierbei werden Kriterien, die in weniger als 0,5 % der Fälle verletzt wurden, vernachlässigt.

Tabelle 6: Anzahl und relative Häufigkeit von Beanstandungen und Zuordnung zu den Standards und Kriterien des Akkreditierungsrats. Der Kriterien-Kode wird auch in den Abbildungen 12 und 13 verwendet.

AR-Standards und AR-Kriterien	**Kode**	**Beanstandungen**	
		Anzahl	**Rel. Häufigkeit**
Standard 3 - Konzeptionelle Einordnung des Studiengangs in das Studiensystem			
Regelstudienzeit und Umfang der Studienprogramme entsprechen den Vorgaben.	**3.2**	24	0,70
Es ist eine Abschlussarbeit vorgesehen, deren Bearbeitungsumfang den Vorgaben entspricht.	**3.3**	19	0,55
Die Zugangsvoraussetzungen entsprechen den Vorgaben.	**3.4**	92	2,69
Außerhalb der HS erworbene Kenntnissen u. Fähigkeiten können angerechnet werden.	**3.6**	37	1,08
Das »diploma supplement« ist vorhanden und vollständig.	**3.8**	62	1,81
Der Studiengang hat ein adäquates Leistungspunktesystem.	**3.9**	65	1,90
Der gesamte Studiengang ist modularisiert.	**3.10**	156	4,55
Die Modulbeschreibungen entsprechen den Vorgaben.	**3.11**	994	29,01
Standard 4 - Das Studiengangskonzept			
Wissen und Kompetenzen werden adäquat vermittelt.	**4.1**	214	6,24
Das Studiengangskonzept ist adäquat konzipiert.	**4.2**	172	5,02
Die Studierbarkeit wird gewährleistet.	**4.3**	85	2,48
Re-Akkreditierung: Das Studiengangskonzept berücksichtigt bei der Weiterentwicklung eigene Erhebungen.	**4.4**	47	1,37
Standard 5 - Durchführung des Studiengangs			
Die personelle, sächliche u. räumliche Ausstattung ist gegeben, um den Studiengang adäquat durchzuführen.	**5.1**	395	11,53
Die Studienorganisation gewährleistet die Durchführung des Studiengangs und sieht unterstützende Instrumente vor.	**5.2**	91	2,66

(Fortsetzung)

Standard 6 – Prüfungssystem			
Die Prüfungen orientieren sich an den Bildungszielen u. sind modulbezogen und wissens- u. kompetenzorientiert ausgestaltet.	**6.1**	291	8,49
Das Prüfungssystem gewährleistet die Studierbarkeit.	**6.2**	185	5,40
Standard 7 – Transparenz und Dokumentation			
Die Anforderungen des Studiengangs und Studienverlaufs sind durch geeignete Dokumentationen u. Veröffentlichungen bekannt gemacht.	**7.1**	203	5,93
Die Anforderungen der Prüfungen einschließlich der Regelungen zum Nachteilsausgleich für Studierende mit Behinderungen sind durch geeignete Dokumentationen u. Veröffentlichungen bekannt gemacht.	**7.2**	202	5,90
Fachliche und überfachliche Beratungsangebote sind hinreichend bekannt gemacht.	**7.3**	17	0,50
Die Bezeichnung des Studiengangs ist zutreffend.	**7.4**	47	1,37
Standard 8 – Qualitätssicherung			
Die HS hat ein wirksames QM.	**8.1**	28	0,82
Beanstandungen insgesamt		3426[63]	100,00

Bereits auf den ersten Blick kann aus Tabelle 6 und Abbildung 12 ersehen werden, dass die Umsetzung der Reform nicht in allen Studienprogrammen gleichermaßen gelang. Es können Bereiche identifiziert werden, in welchen die Umsetzung der Reform kaum zu Beanstandungen geführt hat, und Bereiche, in welchen sich diese auffällig gehäuft haben. Betrachtet man zunächst den Standard 3 – die »Konzeptionelle Einordnung des Studiengangs in das Studiensystem« – eingehender, so wird erkennbar, dass die meisten Vorgaben für diesen Standard von den niedersächsischen Hochschulen gut umgesetzt wurden. Nur vergleichsweise wenige Beanstandungen gab es hier bei der Regelstudienzeit und dem Umfang der Studienprogramme, dem Bearbeitungsumfang der Abschlussarbeit, der Anrechnung von außerhalb der Hochschule erworbenen Kenntnissen und Fähigkeiten, dem Vorhandensein und der Vollständigkeit des »Diploma Supplements« und der adäquaten Implementierung eines Leistungspunktesystems im Studiengang. Als etwas problematischer, aber dennoch relativ unauffällig, stellt sich die Regelung der Zugangsvoraussetzungen dar. Eine Häufung von Beanstandungen kann dagegen im Bereich Modularisierung

63 Insgesamt konnten 3947 Beanstandungen festgestellt werden, von denen 376 mit dem Kodierkonzept nicht kodierbar waren. Die 3426 Beanstandungen beziehen sich nur auf die in Tabelle 6 dargestellten AR-Kriterien.

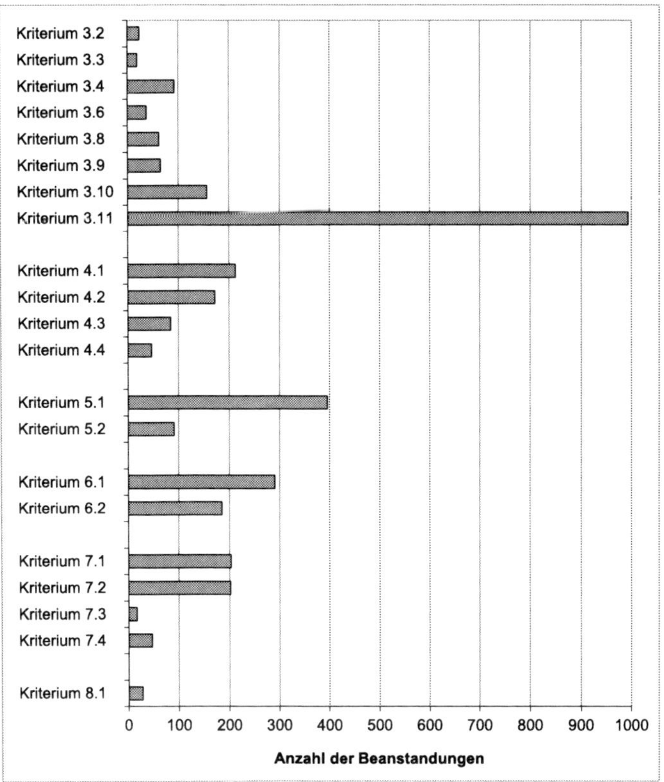

Abbildung 12: Verteilung der Beanstandungen auf die Kriterien des Akkreditierungsrats (die Daten entsprechen den absoluten Häufigkeiten in Tabelle 6).

festgestellt werden: 156 Beanstandungen (4,55 %) beziehen sich auf die Umsetzung der Modularisierung im Studiengang und 994 (29,01 %) auf die mangelhafte Beschreibung der Module.

Die Befunde für den Standard 4 – das Studiengangskonzept – zeigen ebenfalls ein differenziertes Bild. Relativ gut umgesetzt wurde das Kriterium für die Reakkreditierung, ob bei der Weiterentwicklung des Studiengangskonzepts eigene Erhebungen berücksichtigt werden. Bereits etwas häufiger wurde die Umsetzung der Vorgabe zur Gewährleistung der Studierbarkeit beanstandet. Eine Häufung von Beanstandungen ist indes bei der adäquaten Konzeption des Studienganges (172 Beanstandungen, 5,02 %) und bei der Vermittlung von Wissen und Kompetenzen (214 Beanstandungen, 6,24 %) zu konstatieren.

Der Standard 5 – die Durchführung des Studiengangs – zeigt wiederum ein differenziertes Bild. Das Kriterium zur Studienorganisation, das sich auf die Durchführung des Studiengangs bezieht und unterstützende Instrumente verlangt, wurde zwar gehäuft verletzt, ist aber vergleichsweise unauffällig. Problematisch war vielmehr die Deckung des Ressourcenbedarfs zur Umsetzung der Reform in den Hochschulen. In insgesamt 395 Fällen (11,53 %) wurde die personelle, sächliche und räumliche Ausstattung als unzureichend bezeichnet.

Eine Häufung von Vorgabenverletzungen legen die Befunde zum Standard 6 – Prüfungssystem – offen. 291 Beanstandungen wurden hinsichtlich des Kriteriums ausgesprochen, dass sich die Prüfungen an Bildungszielen orientieren und modulbezogen sowie wissens- und kompetenzorientiert ausgestaltet sein müssen (8,49 %). Auch die Auswirkung des Prüfungssystems auf die Studierbarkeit wurde mit 185 Beanstandungen (5,40 %) vergleichsweise häufig bemängelt.

Beim Standard 7 – Transparenz und Dokumentation – zeigt sich wiederum ein differenziertes Bild. Kaum Beanstandungen waren bei der Bekanntmachung fachlicher und überfachlicher Beratungsangebote und der korrekten Bezeichnung des Studiengangs feststellbar. Anders verhielt es sich beim Kriterium zur Dokumentation und Veröffentlichung der Anforderungen des Studiengangs und des Studienverlaufs sowie der Anforderungen der Prüfungen (jeweils 203 Beanstandungen).

Der Standard 8 – die Qualitätssicherung – ist dagegen als unauffällig bewertet worden. Die Vorgabe, dass die Hochschule ein wirksames Qualitätsmanagement etabliert haben muss, wurde kaum verletzt.

Auffälligkeiten zeigen sich in den so genannten MINT-Fächern (Mathematik, Informatik, Naturwissenschaften und Technik; n=451). Studiengänge aus MINT-Fächern wurden in 78 % der Fälle beanstandet, wohingegen Studiengänge anderer Fächer nur zu 71,4 % beanstandet wurden [$\chi^2(1)= 7.0; p<.01$]. Ein statistisch signifikanter Unterschied ist auch bei der Anzahl verletzter Kriterien feststellbar: In Studiengängen der MINT-Fächer wurden im Mittel mehr Kriterien verletzt (2,97) als in anderen Studiengängen (2,59) [Mann-Whitney-$U=106787; n_1=663, n_2=352; p<.05$].

Betrachtet man die einzelnen AR-Kriterien (Abbildung 13), fällt insbesondere die unvollständige Modularisierung in den MINT-Fächern auf (AR-Kriterium 3.10): 17,5 % der MINT-Studiengänge wurden im Hinblick auf dieses Kriterium beanstandet, jedoch nur 6 % der übrigen Fächer [$\chi^2(1)= 45.0; p<.001$]. Außerdem zeigen die Daten, dass Studiengänge aus MINT-Fächern größere Schwierigkeiten bei der Gewährleistung der Studierbarkeit haben (AR-Kriterium 4.3). In 8,4 % der MINT-Studiengänge gab es Auflagen zur Studierbarkeit, in anderen Studiengängen nur in 3,9 % der Fälle [$\chi^2(1)= 12.4; p<.001$]. Ein ähnliches Bild zeigt sich hinsichtlich der Gewährleistung von Studierbarkeit durch das Prüfungssystem: In 16,9 % der Studiengänge aus MINT-Fächern wurden hier Mängel festgestellt (z. B. zu hohe Prüfungsdichte, unzureichende Prüfungsorganisation). Nur 10,3 % der anderen Studiengänge wurden in diesem Bereich beauflagt [$\chi^2(1)= 11.8; p<.01$].

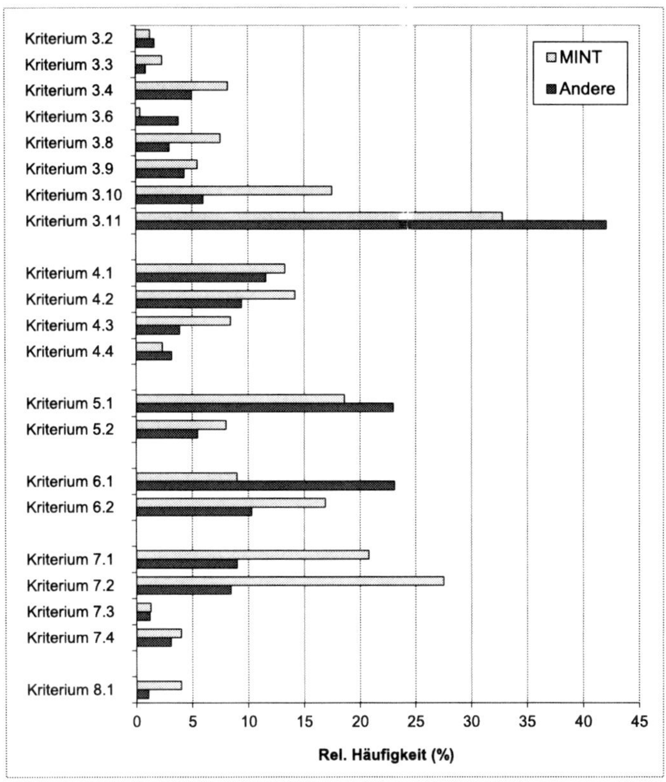

Abbildung 13: Beanstandungen in Akkreditierungsverfahren in MINT-Fächern und anderen Fächern. Dargestellt ist der Anteil beanstandeter (Teil-)Studiengänge an den gesamten (Teil-) Studiengängen der Fächergruppen »MINT« und »Andere«. Die Legende für den Kriterien-Kode befindet sich in Tabelle 6.

Zusammenfassend wird festgehalten, dass die Leitfrage, ob von den Hochschulen im Reformprozess alle Kriterien für Programmqualität gleichermaßen berücksichtigt worden sind, aufgrund der Befunde sehr differenziert beantwortet werden muss. In einigen Bereichen machte die Umsetzung der Studienstrukturreform kaum Probleme, in anderen Bereichen war eine Häufung von Kriterienverletzungen zu beobachten. Hierbei können mehrere Problembereiche unterschieden werden: Zunächst ist offensichtlich, dass die Kriterien für die Modularisierung in vielen Fällen nicht eingehalten wurden. Des Weiteren wurde in vielen (Teil-)Studiengängen das Prüfungssystem bemängelt. Prüfungen wurden zu wenig an den Bildungszielen ausgerichtet und nicht ausreichend modulbezogen sowie wissens- und kompetenzorientiert ausgestaltet. Das Prüfungssystem gewährleistete häufig auch die Studierbarkeit nicht. Die Anforderungen der Prüfungen waren zudem oft intransparent. Ein zentrales Problem stellte außerdem die personelle, sächliche und räumliche Ausstattung dar, die notwendig ist, um den Studiengang adäquat durchzuführen. Die Transparenz und Dokumentation sowie das Studiengangskonzept stellten weitere Problembereiche dar. Studiengänge aus MINT-Fächern wurden häufiger beanstandet als Studiengänge anderer Fächer Die Anzahl verletzter Kriterien fiel ebenfalls vergleichsweise höher aus. Als problematisch wurden hier insbesondere die unvollständige Modularisierung, die mangelhafte Gewährleistung der Studierbarkeit und das Prüfungssystem bewertet.

5. Befragungen

5.1 Fragebogen- und Leitfadenkonstruktion

Die Fragebögen für die Verantwortlichen an den Hochschulen wurden auf der Basis der Ergebnisse der Dokumentenanalyse so konstruiert, dass die Items diejenigen Kriterienverletzungen abbildeten, die besonders häufig moniert worden waren. Diese wurden um weitere Anforderungen an Studiengänge ergänzt, für die es keine expliziten Vorgaben gab, sodass sie in der Dokumentenanalyse nicht als Problembereiche identifiziert werden konnten. Zu den geschlossenen kamen offene Antwortmöglichkeiten, sodass die Befragten Gelegenheit hatten, sich weitergehend und in ihrem eigenen Referenzrahmen zu äußern. Die Befragung wurde in die folgenden Item-Blöcke aufgeteilt:

- Itemblock 1: Allgemeine Angaben (Funktion des/der Befragten an der Hochschule und Dauer der Erfahrungen mit Bachelor- und Masterstudiengängen),
- Itemblock 2: Bewertung der Sinnhaftigkeit der Ziele der Studienstrukturreform,
- Itemblock 3: Bewertung der Eignung der Vorgaben für die Umsetzung der Reformziele,
- Itemblock 4: Umsetzung der Vorgaben in den eigenen Studiengängen,
- Itemblock 5: Einschätzung der Ursachen für Umsetzungsschwierigkeiten in den Bereichen Studierbarkeit, Modularisierung und Prüfungswesen,
- Itemblock 6: Angabe von wünschenswerten Alternativen der Steuerung der Studienstrukturreform,
- Itemblock 7: Verbesserungsvorschläge für die Nachjustierung der Reform.

Itemblock 5, der nach den Gründen für die Probleme bei der Umsetzung der Studienstrukturreform fragte, erforderte weitergehende Differenzierungen. Es wurden idealtypisch mögliche Gründe für Umsetzungsschwierigkeiten auf verschiedenen Ebenen erörtert (siehe ausführlich hierzu den Anhang am Schluss des Berichts):

(1) Reformspezifische Ursachen (Ablehnung von Zielen und Maßnahmen der Studienstrukturreform, mangelnde Anreize zur Umsetzung der Reform, Abwehrhaltung gegen die externe Steuerung der Reform),
(2) Vorgabenspezifische Ursachen (Interpretationsprobleme wegen mangelhafter Konstruktion der Vorgaben, Unverträglichkeit der Vorgaben mit hochschulinternen Regelungen und externen Rahmenbedingungen),
(3) Agenturspezifische Ursachen (agenturspezifische Interpretationsfehler der AR-Standards und -Kriterien, agenturspezifische Beratungsprobleme, gutachterspezifische Probleme) sowie
(4) Hochschulspezifische Ursachen (hochschulinterne Informations- und Kommunikationsdefizite, hochschulinterne Steuerungsprobleme und Verantwortungsdiffusion, Ressourcenmangel)

Die Gründe für Umsetzungsschwierigkeiten wurden für die drei Bereiche erfragt, die im Rahmen der Dokumentenanalyse als besonders problematisch identifiziert wurden: Studierbarkeit, Modularisierung und Prüfungswesen.

Der Interviewleitfaden für die Fachschaftsvertreter gliederte sich in drei Teile: Der erste Teil enthielt drei Eingangsfragen zur Person und zur Fachschaft, der zweite Teil bezog sich auf die im Rahmen der Dokumentenanalyse identifizierten Problembereiche und der dritte Teil fragte nach bisher unberücksichtigten Problembereichen und Korrekturvorschlägen für die Reformsteuerung. Die Analyse der transkribierten Interviews orientierte sich im Wesentlichen an der qualitativen Inhaltsanalyse nach Mayring.[64]

5.2 Befragung von Hochschulmitarbeitern

Die Dokumentenanalyse hat wichtige Hinweise auf die Art und Häufigkeit bestimmter Schwierigkeiten bei der Umsetzung der Reform geliefert. Auf Basis dieser Ergebnisse wird nun genauer untersucht,

(1) ob die Verantwortlichen in den Hochschulen dieselben Umsetzungsschwierigkeiten gesehen haben wie die Akkreditierungsagenturen,
(2) wie die Hochschulen die Ziele der Studienstrukturreform und die Eignung der Vorgaben für die Umsetzung der Ziele bewertet haben,
(3) wie die Umsetzung der Vorgaben in den Studiengängen verlief,
(4) welche Ursachen für eventuelle Umsetzungsschwierigkeiten von den Befragten benannt wurden und
(5) wie die zukünftige Reformsteuerung aus der Sicht der Verantwortlichen in den Hochschulen aussehen sollte.

64 Mayring (2008), S. 60 ff.

5.2.1 Erfahrung der Befragten mit der Studienstrukturreform

Um die Belastbarkeit der Aussagen der Befragten besser einschätzen zu können, wurden sie nach ihrer Erfahrung mit der Studienstrukturreform innerhalb der Hochschule und mit dem Reformprozess gefragt. Aus Abbildung 14 geht hervor, dass über 40 % der Befragten Programmverantwortliche und knapp 40 % Studiendekane waren. Den Rest bildeten die Qualitätsbeauftragten, Bologna-Beauftragten und Vizepräsidenten für Studium und Lehre.[65] An der Befragung haben sich insbesondere Studiendekane sowie Qualitäts- und Bologna-Beauftragte beteiligt. Besonders schlecht war die Rücklaufquote bei den Programmverantwortlichen.

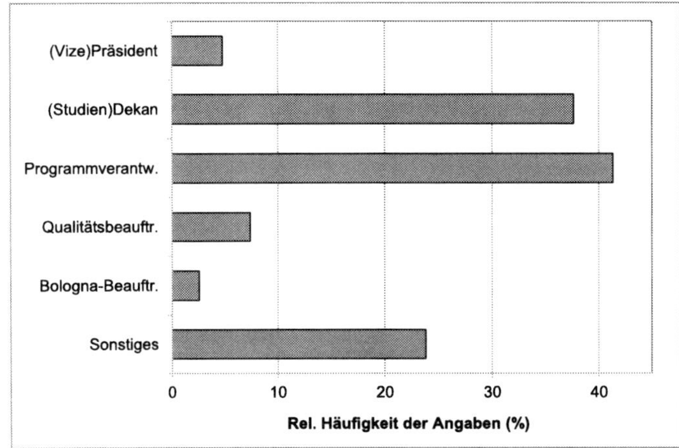

Abbildung 14: Position der Befragten in der Hochschule (relative Häufigkeit der Angaben).

Es wurde angenommen, dass die Umsetzung von Reformen umso besser erfolgte, je mehr es gelang, alle Gruppen innerhalb einer Hochschule »ins Boot zu holen«. Hierfür wurden die Befragten in die Gruppen »zentrale Akteure« und »dezentrale Akteure« aufgeteilt. Vize-Präsidenten für Studium und Lehre sowie Qualitäts- und Bologna-Beauftragte waren für die zentrale, Studiendekane und Programmverantwortliche für die dezentrale Steuerung der Reform zuständig. Durch diese Kategorisierung ergab sich die in Tabelle 7 dargestellte Verteilung der Befragten: Fast 90 % der Befragten waren dezentrale Akteure und knapp über 10 % zentrale Akteure. Die geringe Anzahl zentraler Akteure schränkt die

65 Allerdings haben zahlreiche Befragte ihre Funktion nicht angegeben. Andere haben angekreuzt, dass sie parallel mehrere Funktion innehaben (z. B. Dekan und Programmverantwortlicher). Die Dekane wurden nicht separat angeschrieben, sodass davon auszugehen ist, dass die befragten Dekane eine Doppelfunktion innehaben.

Aussagekraft der festgestellten Unterschiede ein, sodass die diesbezüglichen Befunde vorsichtig interpretiert werden mussten.

Tabelle 7: Aufteilung der Befragten nach zentralen und dezentralen Akteuren

zentrale Akteure: (Vize)Präsidenten + Qualitäts- u. Bologna-Beauftragte	17	(11,2 %)
dezentrale Akteure: (Studien)Dekane + Programmverantwortliche	135	(88,8 %)
Gesamt	152[66]	(100,0 %)

Die Erfahrung der Befragten mit Bachelor- und Masterstudiengängen ist der Abbildung 15 zu entnehmen. Die meisten Befragten waren mit der Umsetzung der Studienstrukturreform langjährig vertraut: Knapp drei Viertel der Programmverantwortlichen (72,2 %) hatten seit mindestens fünf Jahren und mehr als ein Drittel (37,8 %) schon seit sieben bis acht Jahren Erfahrung mit der Durchführung von Bachelor- und Masterstudiengängen (Stand März 2010).

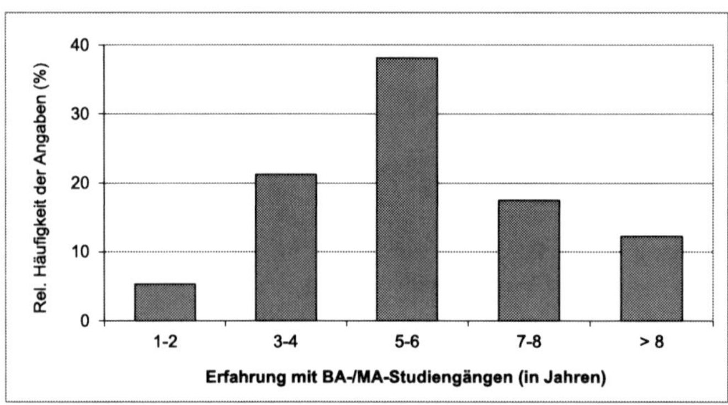

Abbildung 15: Erfahrung der Befragten mit der Durchführung von Bachelor- / Masterstudiengängen (relative Häufigkeit der Angaben).

5.2.2 Bewertung der Reformziele

Eingangs wurde folgende Leitfrage gestellt: »Werden die Reformziele von den Verantwortlichen in den Hochschulen akzeptiert?« Dabei wurde angenommen, dass eine erfolgreiche Umsetzung der Reform die Akzeptanz ihrer Ziele voraussetzt.

66 Bei den übrigen Befragten war die Zuordnung zu »zentral« oder »dezentral« nicht möglich, da sie ihre Funktion in der Hochschule nicht mitgeteilt haben.

Abbildung 16 zeigt als absteigende Rangfolge die mittleren Einschätzungen der Befragten zur Sinnhaftigkeit der Reformziele. Je höher der Mittelwert ausfällt, für umso sinnvoller wurden die jeweiligen Ziele gehalten. Die »Förderung der Mobilität von Studierenden und Absolventen« wurde im Mittel als sinnvollstes und die »Verkürzung der Studienzeit« als im Mittel am wenigsten sinnvolles Ziel angesehen. Der Skalenmittelwert von 2,5 differenziert zwischen einer tendenziellen Zustimmung (>2,5 → das Ziel ist sinnvoll) und einer tendenziellen Ablehnung (<2,5 → das Ziel ist nicht sinnvoll). Es ist ersichtlich, dass die meisten Ziele über dem Skalenmittelwert liegen und damit als tendenziell sinnvoll bewertet wurden. Interpretiert man die Abbildung unter inhaltlichen Gesichtspunkten, so kann zunächst festgestellt werden, dass Ziele, die mit der Mobilität von Studierenden zusammenhängen, auf die größte Akzeptanz stießen. Hierbei handelte es sich ebenso um internationale wie um nationale Mobilität. Als »eher sinnvoll« wurden diejenigen Ziele bewertet, die im weiteren Sinn mit der Beschäftigungsfähigkeit der Absolventen zusammenhängen: Hierzu gehörten auch die Reduktion von Abbrecherquoten und der nationale Qualifikationsrahmen.

Insgesamt betrachtet blieb nur das Ziel »Verkürzung der Studienzeit« unter dem Skalenmittelwert. Die Befunde zeigen also, dass die Befragten die Ziele weitgehend für sinnvoll erachteten.

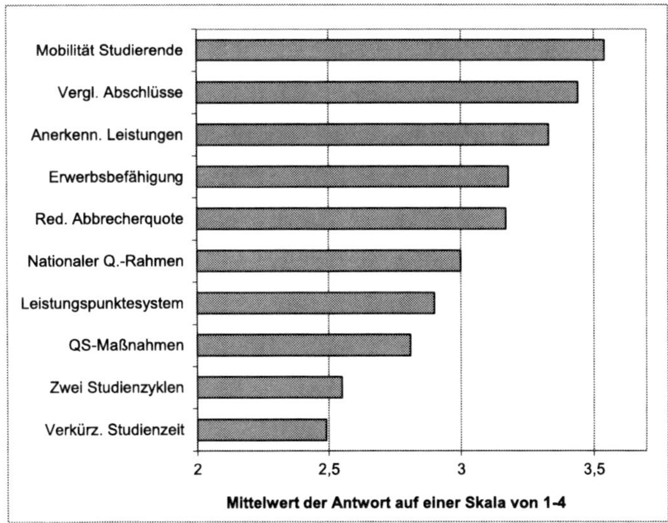

Abbildung 16: Akzeptanz der zentralen Ziele der Studienstrukturreform.
(Die Befragten antworteten auf einer Skala von 1=nicht sinnvoll bis 4=sinnvoll).

Tabelle 8: Legende für die Abkürzungen der Items in Abbildung 16 und 17

Abkürzung	Item in der Befragung
Mobilität Studierende	Förderung der Mobilität von Studierenden und Absolvent(inn)en
Vergl. Abschlüsse	Einführung eines Systems leicht verständlicher und vergleichbarer akademischer Abschlüsse
Anerkenn. Leistungen	Verbindliche Regelung der Anerkennung extern erbrachter Leistungen
Erwerbsbefähigung	Sicherung der Erwerbsbefähigung
Red. Abbrecherquote	Effizienzerhöhung: Reduktion der Abbrecherquoten
Nationaler Q.-Rahmen	Berücksichtigung des nationalen Qualifikationsrahmens
Leistungspunktesystem	Einführung eines Leistungspunktesystems
QS-Maßnahmen	Institutionalisierung von Qualitätssicherungsmaßnahmen
Zwei Studienzyklen	Gliederung der Hochschulbildung in zwei Studienzyklen
Verkürz. Studienzeit	Effektivitätserhöhung: Verkürzung der Studienzeiten

Im Weiteren wurde verglichen, wie die Ziele der Reform von den zentralen und dezentralen Akteuren beurteilt wurden. Wie der Abbildung 17 zu entnehmen ist, hielten die zentralen Akteure alle Ziele für sinnvoller als die dezentralen Akteure [$T(108)=3.3$; $p<.01$]. Wesentliche Unterschiede zeigten sich bei folgenden Reformzielen: Sicherung der Erwerbsbefähigung, Reduktion der Abbrecherquoten, Einführung eines Leistungspunktesystems, Institutionalisierung von Qualitätssicherungsmaßnahmen und Gliederung der Hochschulbildung in zwei Studienzyklen [Mann-Whitney-U-Test; $p<.05$ – für die fünf genannten Variablen].

Die offene Frage nach weiteren Zielen und Ergänzungen wurde von 50 Befragten dazu genutzt, die Sinnhaftigkeit der Ziele der Studienstrukturreform detaillierter zu bewerten. Neue Ziele wurden nicht genannt, was dafür spricht, dass die zu bewertenden Ziele im Fragebogen als die wesentlichen Ziele der Studienstrukturreform angesehen wurden. Im Zuge der Typisierung der qualitativen Daten konnten jedoch trotz der allgemeinen Akzeptanz der Reformziele kritische Argumente herausgefiltert werden.

(1) Die Ziele waren nicht neu

Fünf Befragte kritisierten, dass einige Ziele bereits vor der Bologna-Reform zentrale Ziele der Hochschulen gewesen seien: »Das alles war ohne Reform auch schon möglich«. Dieser Einwand richtete sich in erster Linie gegen die Ziele »Reduktion der Abbruchquoten« und »Förderung der Mobilität«.

(2) Die Ökonomisierung der Hochschulbildung

Einige Befragte waren gegenüber dem Ziel der Sicherung der Erwerbsbefähigung skeptisch, da dieses eher ein Ziel für die Fachhochschulen sei: »Univer-

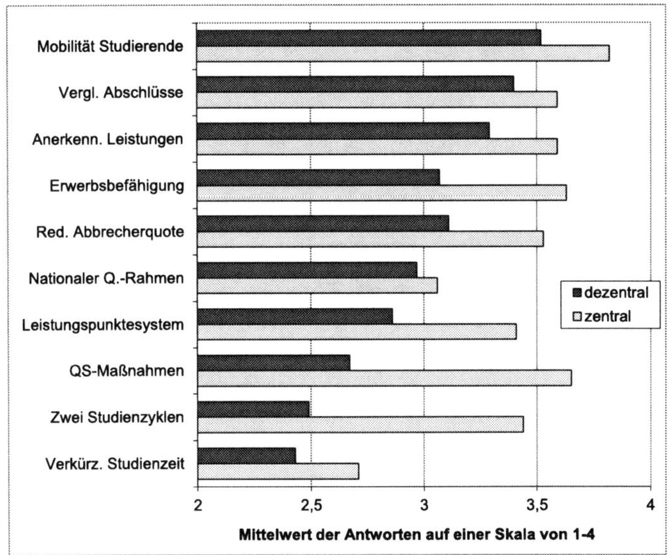

Abbildung 17: Akzeptanz der zentralen Ziele der Studienstrukturreform bei zentralen und dezentralen Akteuren. (Die Befragten antworteten auf einer Skala von 1=nicht sinnvoll bis 4=sinnvoll).

sitäten bilden zu anderen Zwecken aus.« Die Erwerbsbefähigung widerspräche »der universitären Idee, zum Nachdenken, Forschen und lebenslangen Lernen anzuregen«. Die Reform sei zu strikt »auf ökonomische Effizienz und Berufsverwertbarkeit« ausgerichtet: »Die Sicherung der Erwerbsbefähigung ist dann kein vernünftiges Hochschulziel, wenn damit die Hochschulen durchgehend kommerziellen Verwertungszwängen ausgeliefert werden.«

Die Ziele der Reform würden der »eigentlichen« Aufgabe der Universität und dem Selbstverständnis von Wissenschaftlern entgegenstehen: »Kompetenzorientierung birgt die Gefahr, Gegenstände und Sachverhalte sekundär werden zu lassen«. Man könne daher auf das ganze »Kompetenzgefasel getrost verzichten.«

Zusammenfassend wird festgehalten, dass die Ziele der Studienstrukturreform von den Befragten als überwiegend sinnvoll bewertet wurden. Auf größte Akzeptanz stießen die Teilziele zur Mobilität von Studierenden. Das Leistungspunktesystem, die Qualitätssicherungsmaßnahmen, die Einführung von zwei Studienzyklen und die Verkürzung der Studienzeit wurden als vergleichsweise etwas weniger sinnvoll bewertet. Strittig, wenn auch weitgehend als sinnvoll angesehen, war das Ziel der Erwerbsbefähigung. Dieses wurde jedoch teilweise als ein Ziel der Fachhochschulen angesehen, das die Gefahr der Ökonomisierung der Hochschulausbildung mit sich bringe.

5.2.3 Bewertung der Eignung der Reformvorgaben

Eingangs wurde folgende Leitfrage gestellt: »Werden die Kriterien zur Reformumsetzung als geeignet bewertet?« Abbildung 18 zeigt eine Rangfolge der nach ihrer Eignung bewerteten Vorgaben für die Zielerfüllung der Studienstrukturreform. Als am besten geeignet wurden die Durchführung von Absolventenstudien und die Lehrveranstaltungsbewertungen durch Studierende eingeschätzt. Aber auch die Vorgaben zur studentischen Arbeitsbelastung und deren Überprüfung sowie die Festlegung der Zugangsvoraussetzungen zum Master wurden überwiegend als geeignet bewertet, die Ziele der Reform zu erfüllen. Der Skalenmittelwert von 2,5 differenziert zwischen einer tendenziellen Zustimmung (>2,5 → die Vorgabe ist geeignet) und einer tendenziellen Ablehnung (<2,5 → die Vorgabe ist ungeeignet). Aus der Abbildung kann ersehen werden, dass nur die Vorgabe zur Definition des Qualifikationsniveaus der Studiengänge durch ECTS-Punkte tendenziell abgelehnt wurde, alle anderen Vorgaben wurden als eher geeignet eingestuft.[67] Vergleicht man Abbildungen 17 und 18, so ist erkennbar, dass die Ziele der Studienstrukturreform tendenziell mehr Akzeptanz fanden als die Maßnahmen zu deren Umsetzung.

Tabelle 9: Legende für die Abkürzungen der Items in Abbildungen 18 und 19

Abkürzung	Item in der Befragung
Absolventenstudien	Durchführung von Absolventenstudien
LV-Bewertung	Lehrveranstaltungsbewertungen durch Studierende
stud. Arbeitslast Plan	Berücksichtigung der studentischen Arbeitsbelastung bei der Studiengangsplanung
Zugangsvor. Master	Von der Hochschule zu definierende Zugangsvoraussetzungen für Masterstudiengänge
Überpr. stud. Arbeitsbel.	Überprüfung der studentischen Arbeitsbelastung
Kompetenzentwicklung	Ausrichtung der Lehre auf Kompetenzentwicklung
Anrechnung Leistung.	Anrechnung von extern erbrachten Leistungen nach der Lissabon-Konvention
Modularer Aufbau	Modularer Aufbau der Curricula
Ausr. Qualifik.-Ziele	Ausrichtung der Studiengänge auf Qualifikationsziele (Learning Outcomes)
Kompetenzor. Prüf.	Kompetenzorientierung von Prüfungen
Modulbez. Prüfungen	Modulbezug der Prüfungen
konsek. Studiengänge	Begrenzung der Regelstudienzeit konsekutiver Studiengänge auf fünf Jahre

67 Im Rahmen der offenen Frage wurde die Formulierung dieses Items von vier Befragten als unverständlich kritisiert. Gemeint war in der Tat das mit den B- und M-Abschlüssen verbundene Qualifikations- oder Kompetenzniveau.

(Fortsetzung)

vorg. Regelstudienzeiten	Vorgegebene Regelstudienzeiten von 6+4, 7+3 oder 8+2 Semestern
Qual.-Niveau + ECTS	Definition der Qualifikationsniveaus von Bachelor- und Masterstudiengängen durch ECTS-Punkte

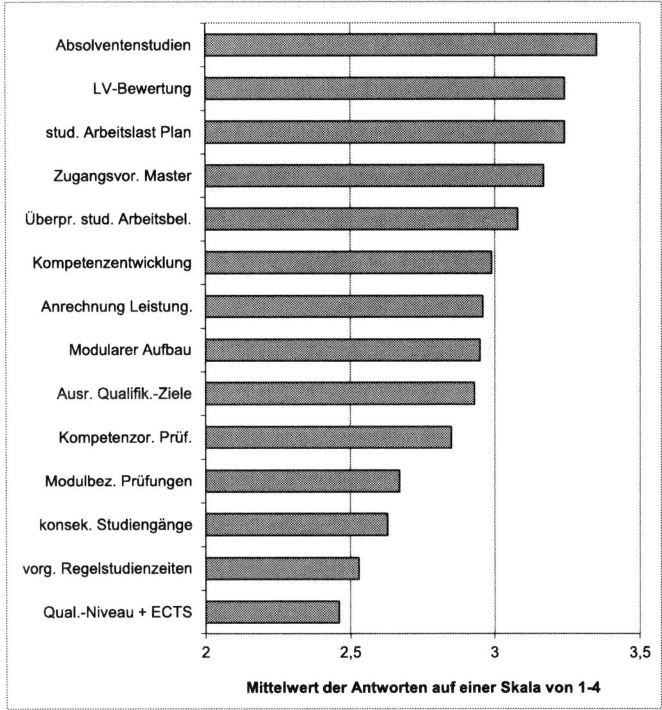

Abbildung 18: Bewertung der Eignung der Vorgaben für die Umsetzung der Reformziele. (Die Befragten antworteten auf einer Skala von 1=ungeeignet bis 4=geeignet).

Betrachtet man, wie die Eignung der Vorgaben für die Umsetzung der Reformziele von den zentralen und dezentralen Akteuren bewertet wurde (Abbildung 19), so zeigt sich ein ähnliches Bild: Die zentralen Akteure hielten die Vorgaben zur Reformumsetzung für durchweg geeigneter als die dezentralen Akteure [$T(117)=3.1$; $p<.01$]. Signifikant besser wurden die Maßnahmen zur Durchführung von Absolventenstudien, zur Überprüfung der studentischen Arbeitsbelastung, zur Ausrichtung der Lehre auf Kompetenzentwicklung, zur

Ausrichtung der Studiengänge auf Qualifikationsziele (Learning Outcomes) und zur Kompetenzorientierung von Prüfungen eingeschätzt [Mann-Whitney-U-Test; p<.05 – für die fünf genannten Variablen].

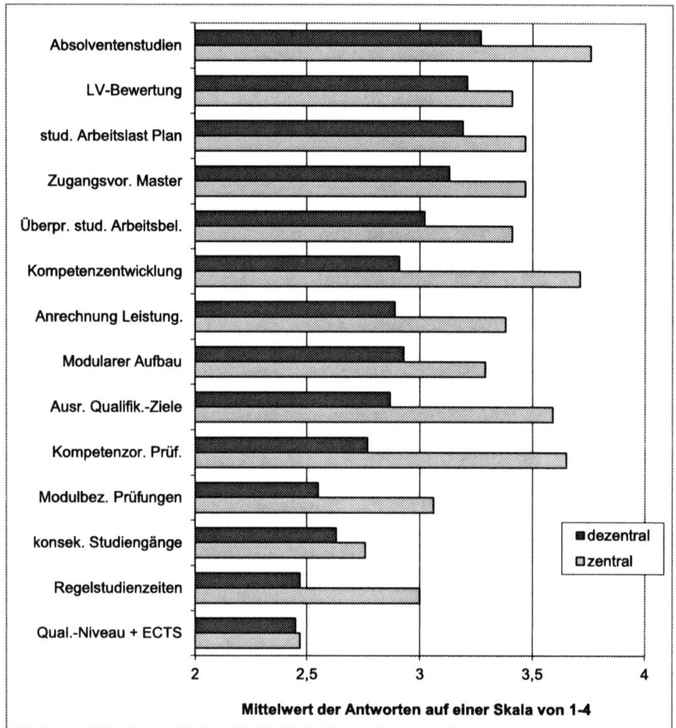

Abbildung 19: Bewertung der Eignung der Vorgaben zur Umsetzung der Reformziele bei zentralen und dezentralen Akteuren. (Die Befragten antworteten auf einer Skala von 1=ungeeignet bis 4=geeignet).

Die Vorgaben wurden im offenen Teil des Fragenkomplexes von 139 Befragten detaillierter bewertet. Ein knappes Drittel derjenigen, die weitere Angaben machten, äußerten sich positiv zu den Vorgaben. Alle anderen führten die Schwierigkeiten mit der Umsetzung der Vorgaben weiter aus. Eine Analyse des qualitativen Materials lieferte Hinweise auf tiefer liegende Ursachen für Probleme bei der Umsetzung der Vorgaben:

1) Standardisierung

57 Befragte kritisierten, dass die Vorgaben im Allgemeinen zu viel Standardisierung und Inflexibilität auf Studiengangsebene mit sich brächten bzw. die Fachspezifika nicht berücksichtigten und Fächerkulturen gefährdeten. In die-

sem Zusammenhang wurde eine »fachspezifische Gestaltung des Reformprozesses unter Berücksichtigung der Spezifika des jeweiligen Faches« [gefordert, denn] »sämtliche Studiengänge über ein Schema zu überprüfen, geht an den verschiedenen historischen Entwicklungen und Ausrichtungen der Studienrichtungen völlig vorbei.«

Die Standardisierung wurde auch hinsichtlich des Workloads bemängelt. Die mangelnde Differenzierung zwischen den Studierenden, insbesondere hinsichtlich der verschiedenen Leistungsniveaus, wurde bei der Berechnung der studentischen Arbeitsbelastung als problematisch empfunden. Diese sei »schlicht nicht erfassbar (und damit auch nicht überprüfbar), da individuell außerordentlich verschieden.«

Das unterschiedliche Kompetenz- und Leistungsniveau erlaube es kaum, eine einheitliche Berechnung vorzunehmen, da sich die Studierenden hinsichtlich Intelligenz, Motivation und Arbeitstempo unterschieden. Es sei nicht einfach, Annahmen und realistische Hypothesen hinsichtlich des »Normstudierenden« zu treffen. In diesem Zusammenhang wurde angenommen, dass die aufgebrachte Arbeitszeit im Rahmen von studentischen Evaluationen häufig unrealistisch eingeschätzt werde.[68]

2) Top-down-Steuerung

Als problematisch wurde die Top-Down-Steuerung der Reform bezeichnet. Diese wurde beispielsweise bei den Vorgaben zu den Zulassungsvoraussetzungen für Master-Studiengänge kritisiert, die im Rahmen der offenen Fragen kontrovers diskutiert wurden. Es würde sich um einen »politisch verordneten Rauswurf der Studierenden im Übergang von Bachelor auf Master« [handeln], dem Widerstand entgegengesetzt werden müsse: »Wir dehnen hier die Gesetzeslage fast bis zum Bruch.«

Die Mehrzahl der Befragten bewertete die Zugangsvoraussetzungen allerdings als eher geeignete Vorgabe (Abbildung 17). Bemängelt wurde die politische Reißbrettmentalität vor allem hinsichtlich der Beschäftigungsfähigkeit der Bachelorabsolventen: »Es bringt nichts, einen berufsqualifizierenden Bachelorabschluss einzuführen, wenn es keinen Arbeitsmarkt dafür gibt und alle zwangsläufig den Master brauchen, ihn aber nicht machen können.«[69]

Vielmehr sollte bedarfsbezogen zugelassen werden. Die »unsinnigen Zulassungsbeschränkungen [können dem] tatsächlichen Bedarf an Absolventen im jeweiligen Fach überhaupt nicht gerecht werden.«

68 Dieses Ergebnis deckt sich mit Schulmeister & Metzger (2011).

69 Aktuelle empirische Erhebungen bewerten den Arbeitsmarkt für Bachelorabsolventen indes eher positiv (z. B. DAAD, 2011).

3) Häufige Änderung von Vorgaben
Sechs Befragte beschwerten sich darüber, dass sich die Vorgaben »zu häufig ändern und die Hochschulen gar nicht mehr hinterher kommen«. Die sich wiederholt ändernden Vorgaben und Rahmenbedingungen führten in den Hochschulen »zu sehr aufwändigen Korrekturen. Überaus ärgerlich für alle Beteiligten.«

4) Schwierige Interpretierbarkeit der Vorgaben
Die Verantwortlichen in den Hochschulen bemängelten, dass die Vorgaben schwierig zu interpretieren und zu operationalisieren seien. So sei beispielsweise der nationale Qualifikationsrahmen »derzeit noch in einem rudimentären Zustand, wer soll damit jetzt valide bei der Konzeption von Studiengängen arbeiten?« Diese Kritik wurde auch hinsichtlich der Vorgaben zur Modularisierung der Studiengänge und zur Anrechnung extern erbrachter Leistungen formuliert. Bemängelt wurde, dass verbindliche Interpretationen der Vorgaben fehlten. Vielfach kannten die Hochschulen die Interpretationsspielräume der Vorgaben nicht oder wussten nicht, wie sie diese nutzen konnten, um »kreativer mit Rahmenbedingungen um[zu]gehen und sie für sich auszulegen.« In diesem Zusammenhang wurden die Hochschulmitarbeiter für den Bereich Qualität von Studium und Lehre kritisiert. Diese hätten die Programmverantwortlichen bei der Interpretation der Vorgaben nicht adäquat unterstützt.

5) Unvereinbarkeit der Vorgaben mit internen und externen Rahmenbedingungen
Einige Hochschulen sahen sich externen Anforderungen ausgesetzt, die sich mit den Vorgaben der KMK und deren Interpretation durch den Akkreditierungsrat schlecht vereinbaren ließen. Dies war z. B. der Fall, wenn die Anforderungen der Wirtschaft an einen dualen Studiengang andere waren als die Vorgaben voraussetzten: »Wir sind ein dualer Studiengang. Unser Hauptproblem liegt in der mangelnden Flexibilität der Ausbildungsanforderungen bei unserem Partner.« Ein Hochschulverantwortlicher machte deutlich, dass die Vorgaben, die Mobilität gewährleisten sollten, für die eigene Berufsakademie nicht relevant waren, da »Mobilität im Regelfall nicht vorgesehen ist«. Generell wurde festgestellt: »Viele Dinge sind theoretisch sinnvoll, aber in der Umsetzung problematisch. Insbesondre die Randbedingungen an den Hochschulen stimmen nicht, um die theoretischen Ziele zu erreichen.«

Zusammenfassend kann festgehalten werden, dass die Schwierigkeiten bei der Umsetzung der Studienstrukturreform weder primär in der Zielbestimmung der Reform noch in der Festlegung der Vorgaben zur Zielerfüllung gesehen wurden. Im Gegenteil, die Teilziele der Reform wurden als weitgehend sinnvoll bewertet. Ebenso wurden die Vorgaben zur Umsetzung der Reformziele an den

Hochschulen weitgehend akzeptiert. Eher umstritten waren allerdings die Vorgaben zum Modulbezug der Prüfungen, zur Einrichtung von konsekutiven Studiengängen, zur Festlegung der Regelstudienzeiten sowie zur Definition der Qualifikationsniveaus von Bachelor- und Masterstudiengängen durch ECTS-Punkte. Die zentralen Akteure hielten alle Vorgaben zur Reformumsetzung für geeigneter als die dezentralen Akteure.

Die ergänzenden Äußerungen der Befragten deuten auf tiefer liegende Gründe für die Umsetzungsschwierigkeiten hin: Als problematisch wurden zunächst die standardisierenden Vorgaben angesehen, die Inflexibilität mit sich brächten und die Fachspezifika nicht ausreichend berücksichtigten. Kritisiert wurde des Weiteren die Top-Down-Steuerung der Reform, die sich beispielsweise in den Zulassungsbeschränkungen zum Master zeige. Auch die schwierige Interpretierbarkeit und die häufige Veränderung von Vorgaben wurden beklagt. Vielfach kannten die Verantwortlichen in den Hochschulen die Interpretationsspielräume nicht ausreichend. Oftmals waren die Vorgaben nicht mit den internen und externen Rahmenbedingungen der Hochschulen vereinbar.

5.2.4 Bewertung der Umsetzung der Reform in den eigenen Studiengängen

Eingangs wurde folgende Leitfrage gestellt: »Welche Schwierigkeiten können bei der Umsetzung der Reform festgestellt werden?« Wie die Befragten die Umsetzung der Vorgaben in den eigenen Studiengängen einschätzten, geht aus Abbildung 20 hervor, die eine Rangfolge der Umsetzungsschwierigkeiten zeigt. Der Skalenmittelwert von 2,5 differenziert zwischen einer Zuordnung zu »unproblematisch« ($<2{,}5 \rightarrow$ die Umsetzung der Vorgabe war unproblematisch) und »problematisch« ($>2{,}5 \rightarrow$ die Umsetzung der Vorgabe war problematisch).

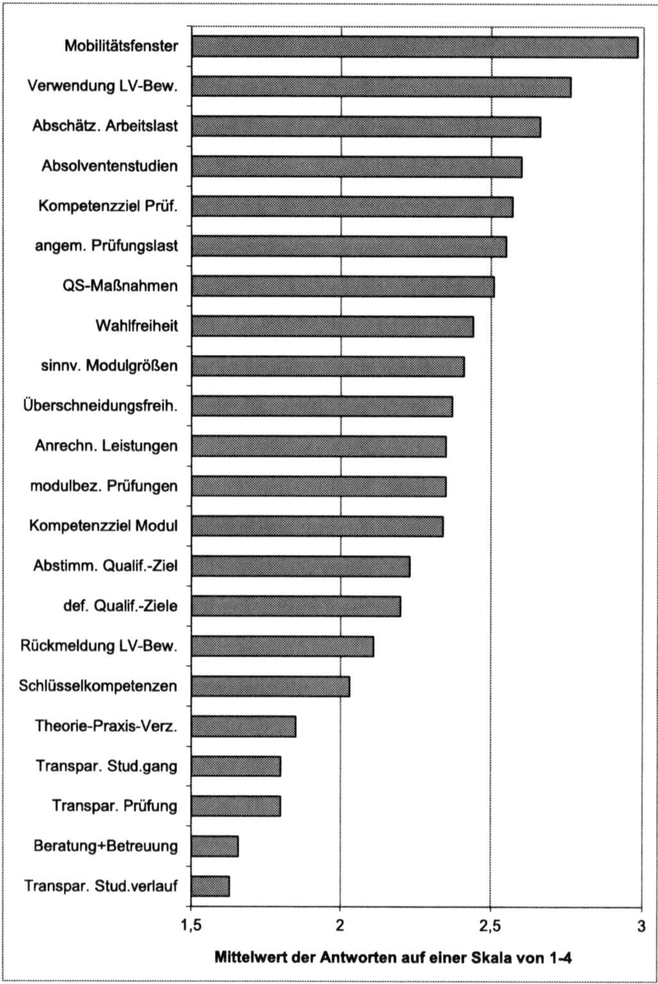

Abbildung 20: Einschätzung der Umsetzung der Vorgaben in den eigenen Studiengängen. (Die Befragten antworteten auf einer Skala von 1=unproblematisch bis 4=problematisch).

Tabelle 10: Legende für die Abkürzungen der Items in Abbildung 20

Abkürzung	Item in der Befragung
Mobilitätsfenster	Gewährleistung von Mobilitätsfenstern (z. B. für Hochschulwechsel oder Auslandsaufenthalt)
Verwendung LV-Bew.	Verwendung der Ergebnisse der Lehrveranstaltungsbewertungen auf den verschiedenen Steuerungsebenen
Abschätz. Arbeitslast	Realistische Abschätzung der studentischen Arbeitsbelastung
Absolventenstudien	Realisierung von Absolventenverbleibsstudien

(Fortsetzung)

Kompetenzziel für Prüf.	Ausrichtung des Prüfungskonzepts an Kompetenzzielen
angem. Prüfungslast	Sicherstellung einer angemessenen Prüfungsbelastung der Studierenden
QS-Maßnahmen	Einführung von formellen Maßnahmen zur Qualitätssicherung
Wahlfreiheit	Gewährleistung von Wahlfreiheit im Curriculum
sinnv. Modulgrößen	Realisierung von sinnvollen Modulgrößen (in ECTS-Punkten)
Überschneidungsfreih.	Überschneidungsfreiheit von Pflichtveranstaltungen
Anrechn. Leistungen	Adäquate Anrechnung von extern erbrachten Leistungen
modulbez. Prüfungen	Realisierung von modulbezogenen Prüfungen
Kompetenzziel Modul	Inhaltliche Bestimmung eines Kompetenzziels für jedes Modul
Abstimm. Qualif.-Ziel	Abstimmung von Umfang und Inhalt des Curriculums auf das Qualifikationsziel eines Bachelorstudiengangs
def. Qualif.-Ziele	Ausrichtung der Studiengänge auf definierte Qualifikationsziele
Rückmeldung LV-Bew.	Rückmeldungen der Ergebnisse der Lehrveranstaltungsbewertungen an die Studierenden
Schlüsselkompetenzen	Adäquate Vermittlung von Schlüsselkompetenzen
Theorie-Praxis-Verz.	Angemessene Verzahnung von Theorie und Praxis
Transpar. Stud.gang	Gewährleistung von Transparenz bei den Studiengangsanforderungen
Transpar. Prüfung	Gewährleistung von Transparenz bei den Prüfungsanforderungen
Beratung+Betreuung	Angemessene Beratung und Betreuung der Studierenden
Transpar. Stud.verlauf	Gewährleistung von Transparenz beim Studienverlauf

Es wird deutlich, dass die Umsetzung der Vorgaben von den Funktionsträgern der Hochschulen insgesamt als eher unproblematisch bewertet wurde. Nur ca. ein Drittel der Vorgaben führte nach Angabe der Befragten zu Implementierungsproblemen. Allen voran wurde die Gewährleistung von Mobilitätsfenstern genannt, die von den meisten als problematisch eingestuft wurde. Die Verwendung der Ergebnisse der Lehrveranstaltungsbewertungen auf den verschiedenen Steuerungsebenen und die realistische Abschätzung der studentischen Arbeitsbelastung führten ebenfalls zu Problemen. Des Weiteren ergaben sich Bewertungen über dem Skalenmittelwert für die Schwierigkeiten bei der Realisierung von Absolventenverbleibsstudien, der Ausrichtung des Prüfungskonzepts an Kompetenzzielen, der Sicherstellung einer angemessenen Prüfungsbelastung der Studierenden und der Einführung von formellen Maßnahmen zur Qualitätssicherung. Diese Ergebnisse stimmten weitgehend mit den Ausführungen der Befragten zur Eignung der Vorgaben für die Umsetzung der

Ziele der Studienstrukturreform überein. Die als eher ungeeignet bewerteten Vorgaben waren tendenziell auch diejenigen, bei denen es bei der Umsetzung zu Schwierigkeiten gekommen war.

Als weitestgehend unproblematisch wurde dagegen die Umsetzung der Vorgaben zur Verzahnung von Theorie und Praxis, zur Beratung und Betreuung der Studierenden, zur Gewährleistung von Transparenz bei den Studiengangs- und Prüfungsanforderungen und zum Studienverlauf gesehen. Dies waren auch die Bereiche, die für die Hochschulen keine neuen Aufgaben mit sich brachten. Es gab schon immer eine Beratung und Betreuung von Studierenden; insbesondere an Fachhochschulen waren Theorie und Praxis stark miteinander verzahnt. Des Weiteren war die Aufgabe, Studiengangsanforderungen, Prüfungsanforderungen und den Studienverlauf zu dokumentieren, keine neuen Herausforderungen für die Hochschulen.

Etwas überraschend waren die Angaben der Befragten zu den Vorgaben für die Konstruktion und Durchführung von Modulen. In der Dokumentenanalyse ist dies als ein Bereich identifiziert worden, der zu den meisten Umsetzungsschwierigkeiten führte und von den Agenturen gehäuft mit Auflagen versehen wurde. Von den Funktionsträgern der Hochschulen wurde dagegen die Umsetzung der Vorgaben, die die Modularisierung betrafen, d.h. die Realisierung von sinnvollen Modulgrößen (in ECTS-Punkten), die Gewährleistung der Überschneidungsfreiheit von Pflichtveranstaltungen, die inhaltliche Bestimmung eines Kompetenzziels für jedes Modul und die Realisierung von modulbezogenen Prüfungen, als eher unproblematisch bewertet. Auch die Ausrichtung der Studiengänge auf definierte Qualifikationsziele, die Abstimmung von Umfang und Inhalt des Curriculums auf das Qualifikationsziel eines Bachelor-Studiengangs, die adäquate Anrechnung von extern erbrachten Leistungen und die Gewährleistung von Wahlfreiheit im Curriculum sind nach Einschätzung der Befragten eher unproblematisch verlaufen.

Die Schwierigkeiten bei der Umsetzung der Vorgaben wurden von den zentralen und dezentralen Akteuren nicht generell unterschiedlich beurteilt [T(111)=0.96; n.s.]. Unterschiede zeigten sich nur bei zwei Items: Die Ausrichtung des Prüfungskonzepts an Kompetenzzielen wurde von den zentralen Akteuren als problematischer eingeschätzt als von den dezentralen Akteuren. Die Realisierung von Absolventenverbleibsstudien hingegen sahen die dezentralen Akteure problematischer als die zentralen. [Mann-Whitney-U-Test; $p<.05$ für die beiden genannten Variablen]

Die offene Frage wurde sehr häufig genutzt, um auf Implementierungsschwierigkeiten im Bereich der Modularisierung hinzuweisen und diese zu veranschaulichen. Insgesamt haben 121 Befragte auf die offene Frage geantwortet. Die qualitativen Beiträge zur Frage nach Umsetzungsschwierigkeiten und möglichen Gründen werden in der Zusammenschau im nächsten Unterkapitel dargestellt.

5.2.5 Ursachen von Umsetzungsschwierigkeiten

Eine weitere Leitfrage bezog sich auf die Gründe von Umsetzungsschwierigkeiten: »Welche Ursachen werden eventuellen Umsetzungsschwierigkeiten zugeschrieben?«

Betrachtet wurden die drei Bereiche, die in den Akkreditierungsverfahren besonders häufig beanstandet worden waren: Die Studierbarkeit, die Modularisierung und das Prüfungswesen. Die Befragten wurden aufgefordert, zu allen drei Bereichen jeweils die Gründe zu benennen, falls es in den eigenen Studiengängen zu Umsetzungsschwierigkeiten gekommen war. In Abbildung 21 sind die Angaben der Befragten zu den Gründen für Umsetzungsschwierigkeiten als relative Häufigkeiten in einem Ranking dargestellt.

Tabelle 11: Legende für die Abkürzungen der Items in der Abbildung 21

Abkürzung	Item in der Befragung
Ressourcenbedarf nicht gedeckt	Der Ressourcenbedarf der Reform wurde nicht gedeckt.
Vorgaben unverständlich / nicht sinnvoll	Die Vorgaben des Akkreditierungsrats / der KMK sind unverständlich oder nicht sinnvoll.
Vorgabenprobleme: Rahmenbeding.	Die Vorgaben des Akkreditierungsrats / der KMK sind mit externen Rahmenbedingungen nicht vereinbar.
HS-interne Kommunikation / Information	Es liegen hochschulinterne Kommunikations- oder Informationsdefizite vor.
Vorgabenprobleme: Agentur	Die Agentur interpretiert die Vorgaben falsch oder anders als die Hochschule.
Agentur: Steuerung / Beratung	Die Verfahrenssteuerung und Beratung durch die Agentur sind unzureichend.
Vorgabenprobleme: HS-interne Ziele / Vorgaben	Die Vorgaben des Akkreditierungsrats / der KMK sind mit hochschulinternen Zielen und Vorgaben nicht vereinbar.
ungeeignete Gutachter	An den Verfahren nehmen ungeeignete Gutachter teil.
Steuerung / Unterstütz. durch HS-Leitung	Die Leitungsebene der Hochschule steuert und unterstützt die Reformprozesse nicht ausreichend.
Keine Schwierigkeiten	Es gab im Bereich … keine Schwierigkeiten

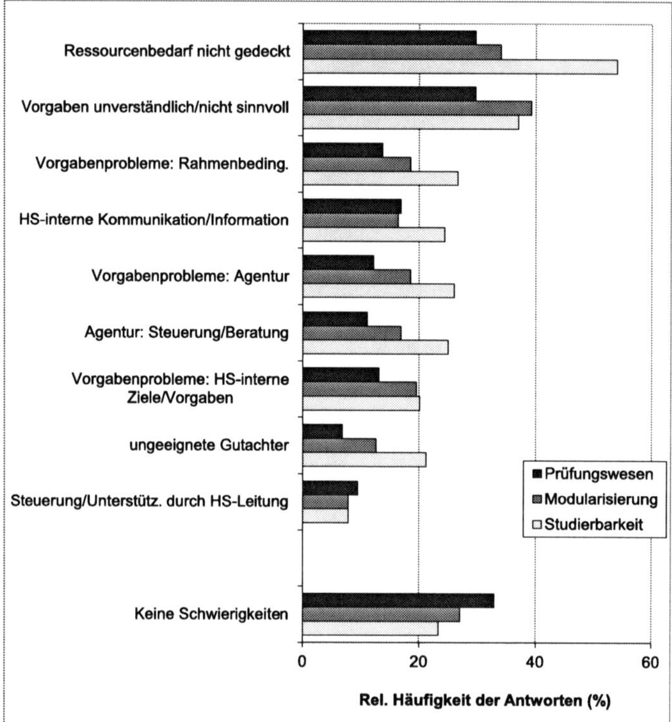

Abbildung 21: Gründe für Umsetzungsschwierigkeiten in den Bereichen Studierbarkeit, Modularisierung und Prüfungswesen (relative Häufigkeit der Angaben, gemittelt über die drei Bereiche).

Als wesentliche Ursache für die Schwierigkeiten bei der Umsetzung der Vorgaben wurde von fast jedem zweiten Befragten die mangelnde Deckung des zusätzlichen Ressourcenbedarfs genannt. Am zweithäufigsten wurde angekreuzt, dass Umsetzungsschwierigkeiten durch die fehlerhafte Konzeption der Vorgaben bedingt waren. Dieses Ergebnis deckte sich weitgehend mit der Erfahrung, dass bereits die Konstruktion des Kodierkonzepts für die Dokumentenanalyse wegen der unzureichenden Trennschärfe der Vorgaben Probleme bereitet hatte.

Durchschnittlich ca. jeder fünfte Befragte gab an, dass hochschulinterne Kommunikations- oder Informationsdefizite für Umsetzungsprobleme verantwortlich waren. Die Leitfrage, ob die Kommunikation und der Informationsfluss innerhalb der Hochschulen ausreichend waren, kann insofern nur bedingt positiv beantwortet werden. Ob sich die Funktionsträger in den Hochschulen hinreichend von ihrer Leitung unterstützt sahen, wurde dagegen uneingeschränkt bejaht. Durchschnittlich jeder fünfte Befragte gab an, dass die Vorgaben des Akkreditierungsrats bzw. der KMK nicht mit den externen Rahmenbedingungen vereinbar waren. Außerdem habe die Agentur die Vorgaben falsch oder anders interpretiert als die Hochschule. Des Weiteren seien Verfahrenssteuerung und Beratung durch die Agentur nicht immer hinreichend. Die Vorgaben des Akkreditierungsrats bzw. der KMK seien mit hochschulinternen Zielen und Vorgaben teilweise unvereinbar.

Interpretiert man die Befunde getrennt nach den drei Bereichen, so wird zunächst deutlich, dass im Bereich Prüfungswesen die wenigsten Ursachen für Umsetzungsschwierigkeiten genannt wurden und die Nennungen sich eher gleichmäßig auf alle Ursachen verteilten. Im Bereich Modularisierung konzentrierten sich die Antworten auf die Unverständlichkeit von Vorgaben. Für den Bereich Studierbarkeit sahen die meisten Befragten den Hauptgrund für Umsetzungsschwierigkeiten in der mangelnden Deckung des Ressourcenbedarfs.

Der Abbildung 22 können allerdings nur offenkundige Differenzen zwischen den Sichtweisen der zentralen und der dezentralen Akteure entnommen werden, da bei den Mehrfachantworten-Sets des Item-Blocks keine inferenzstatistische Auswertung vorgenommen werden konnte. Die dezentralen Akteure haben insgesamt weniger Schwierigkeiten wahrgenommen (Item »Keine Schwierigkeiten«). Sie gaben jedoch zwei Ursachen für Beanstandungen häufiger an: Die Unvereinbarkeit der Vorgaben des Akkreditierungsrats mit externen Rahmenbedingungen oder mit hochschulinternen Zielen und Vorgaben.

Die Auswertung der offenen Fragen ermöglichte einen detaillierteren Blick auf die Gründe für Umsetzungsschwierigkeiten:

1) Personeller Ressourcenmangel

Insgesamt 34 Befragte haben die offene Frage genutzt, um den Ressourcenmangel zu spezifizieren. Sie erachteten das Fehlen von Sachmitteln, Räumen und vor allem das Fehlen von Zeit als problematisch. Verschiedene Befragte machten deutlich, dass ihre Arbeitsbelastung seit der Studienstrukturreform insbesondere durch administrative Tätigkeiten, die Vorbereitung von Akkreditierungsverfahren, die Auswertung von internen Evaluationen und den höheren Betreuungsbedarf der Studierenden deutlich gestiegen sei. Die Umsetzung der Studienstrukturreform »verschlucke« sehr viele Ressourcen, der gesteigerte Ressourcenbedarf werde jedoch nicht gedeckt: »Probleme werden vor allem durch eine mangelnde Ausfinanzierung der Hochschule verursacht.«

Fehlende Personalmittel machten den Hochschulen besonders zu schaffen (»wenn Qualitätssicherung »nebenher« gemacht werden muss«). Die Politik habe zu Beginn des Reformprozesses nicht beachtet, dass die neuen Studienstrukturen nicht nur mehr Verwaltungspersonal, sondern auch in der Lehre verbesserte Betreuungsrelationen voraussetzen.

Der erhöhten Prüfungsbelastung komme man ebenfalls kaum noch nach: »Es

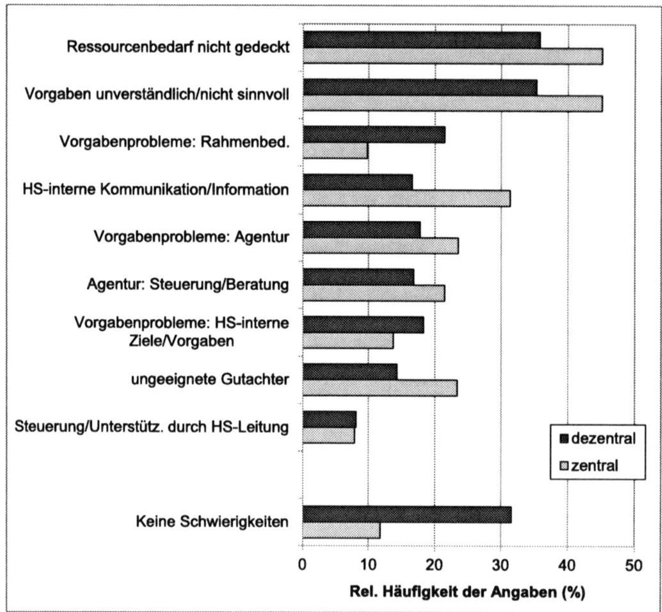

Abbildung 22: Nennung der Gründe für Umsetzungsschwierigkeiten durch zentrale und dezentrale Akteure (relative Häufigkeit der Antworten, Mehrfachantworten waren möglich). Jeweils gemittelt für die drei Bereiche Studierbarkeit, Modularisierung und Prüfungswesen.

fehlt an Zeit, Prüfungen sinnvoll auf Modulprüfungen umzustellen. Es wird ein Vielfaches an Prüfungen abgenommen, die entsprechend verwaltet werden müssen. Wie erwähnt halte ich den gesamten Prüfungsaufwand für zu hoch, weniger wäre mehr. Ob das allein am Akkreditierungsrat liegt, kann ich nicht entscheiden. Wir erhalten widersprüchliche Aussagen.«

2) Wissensdefizite und Qualifikationsbedarf
Unzureichende Umsetzungen waren oftmals das Resultat von Wissensdefiziten. Verschiedene Verantwortliche kannten die Vorgaben zur Modularisierung und zum Prüfungswesen nicht: Es »können große 30-Kredit-Module entstehen, die unmöglich in einer Prüfung abgeprüft werden können, zumal sich die Teilmodule über mehrere Semester hinziehen können.«

Die Vorgaben waren allerdings mit derart großen Modulen, die sich zudem über mehrere Semester hinziehen, nicht vereinbar. Weitere Wissensdefizite konnten bei der Anerkennung extern erbrachter Leistungen festgestellt werden. Verschiedene Funktionsträger waren der Meinung, dass nur identische Leistungen anerkannt werden könnten. Sobald es im »Modulnamen oder in der Prüfungsform Abweichungen gibt, ist die Anerkennung schwierig bis unmöglich.« Wissensdefizite zeigten sich auch darin, dass zentrale Elemente der Studienstrukturreform oder Vorgaben nicht bekannt waren: »Lehrende sind (sich) über den Begriff ›Kompetenzorientierung‹ im Unklaren.«

Die Programmverantwortlichen machten teilweise deutlich, dass sie sich vom hochschulinternen Qualitätsmanagement nicht hinreichend beraten und unterstützt fühlten. Es gab Wissens- und Kompetenzdefizite und eine unzureichende Rückkopplung zwischen dezentralen und zentralen Verantwortlichen. Die Befragten räumten aber auch ein, dass sie selbst Defizite und Qualifikationsbedarf hätten.

3) Veränderungsresistenz

Change-Management-Prozesse verlangen von den »Betroffenen« einen gewissen Energieaufwand. Die Bereitschaft hierzu ist abhängig von organisatorischen und psychologischen Bedingungen. Vielfach zeigte sich eine Veränderungsresistenz der Verantwortlichen in den Hochschulen. Viele wünschten sich die alten Diplom- und Magisterabschlussprüfungen zurück. Einzelne Aussagen von Hochschulmitarbeitern machten deutlich, dass die Bereitschaft für Veränderungen nicht vorhanden war: »Jeder Systemumstellung sehe ich mit Grauen entgegen.« Einige Befragte behaupteten, dass die negative Einstellung der Lehrenden ursächlich für Umsetzungsprobleme war: »Manchmal scheitert eine Umsetzung auch an der Verweigerungshaltung mancher Kolleginnen / en gegenüber dieser Reform.« Zahlreiche Befragte äußerten sich direkt und sehr allgemein über die »sinnlose Studienstrukturreform«.

4) Interne Abstimmungsprobleme

Hochschulen sind Expertenorganisationen, in welchen Hochschullehrer weitgehend selbständig arbeiten. Ebenso sind Fachbereiche und Fakultäten teilautonome Einheiten, die sich selbst organisieren. Dies erschwert die Kommunikation untereinander und kann dazu führen, dass nicht alle relevanten Personen an den Veränderungsprozessen beteiligt sind: »Es fehlt uns ein Austausch über sinnvolle Umsetzungsstrategien. Jede Fakultät macht es hier anders.«

Die Umsetzung der Vorgaben wurde als umso problematischer eingeschätzt, je mehr Institute und Fächer bzw. Disziplinen an einem Studienangebot beteiligt waren. Die Schwierigkeit dabei war, gemeinsame Kompetenzen zu definieren und zu klären, »wie diese von wem abgeprüft werden«. Oftmals sei es nicht möglich, sich im Rahmen eines Moduls auf eine Prüfung zu einigen: »Der Zwang Module zu generieren, führt zu lustigen Kombinationen von Fächern, die nichts miteinander zu tun haben, aber gemeinsam abgeprüft werden sollen.«

5) Mängel des internen Qualitätsmanagements

Die Befunde der Befragung zeigen, dass die Akzeptanz von Lehrveranstaltungsbewertungen oftmals nicht gegeben war. So wurden Lehrveranstaltungsbewertungen dahingehend bemängelt, dass sie nur aus »Misstrauen in die Leistungsfähigkeit und Leistungsbereitschaft« durchgeführt wurden. Weitere Personen erachteten die Lehrveranstaltungsevaluationen als »ungerecht, da bestimmte Lehrende mehr Lehre machen als andere.« Außerdem sei bei der internen Auswertung das Veranstaltungsangebot nicht berücksichtigt worden. Es seien keine Unterschiede gemacht worden, ob »Vorlesungen mit 150 Personen [...] oder Seminare mit 10 Personen« evaluiert wurden. Zudem wurde mehrfach bemängelt, dass die Ergebnisse folgenlos geblieben seien: »Wie fließen die Ergebnisse aus Evaluationen tatsächlich in die Curricula-Überarbeitungen [...] ein – werden sie ›abgehakt und zur Kenntnis genommen‹ oder von den Lehrenden tatsächlich mit aufgenommen? Das ist ein ungelöstes Umsetzungsproblem.«

Problematisch verlief vielerorts die Auswertung der internen Qualitätssicherung. Manche Fakultäten einer Hochschule werteten die Lehrveranstaltungsbewertungen zentral aus, einige ließen sie direkt von den Lehrenden selbst auswerten. Die Lehrenden meldeten dann die von ihnen selbst ausgewerteten Evaluationsergebnisse an die Studierenden zurück. Dieses Vorgehen wurde jedoch massiv kritisiert, da eine unabhängige Auswertung nicht gewährleistet war.

Zusammenfassend wird festgehalten, dass die Umsetzung der Vorgaben in den Studiengängen als weitgehend unproblematisch eingeschätzt wurde. Nur ca. ein Drittel der Vorgaben führten zu größeren Umsetzungsschwierigkeiten. Dabei handelte es sich allerdings um so wichtige Elemente der Reform wie die Gewährleistung von Mobilitätsfenstern, die Verwendung der Ergebnisse der Lehrveranstaltungsbewertungen auf den verschiedenen Steuerungsebenen, die realistische Abschätzung der studentischen Arbeitsbelastung, die Realisierung von Absolventenverbleibsstudien, die Ausrichtung des Prüfungskonzepts an Kompetenzzielen, die Sicherstellung einer angemessenen Prüfungsbelastung der Studierenden und die Einführung von formellen Maßnahmen zur Qualitätssicherung.

Die ergänzenden Äußerungen der Verantwortlichen in den Hochschulen deuteten auf tiefer liegende Ursachen für Umsetzungsschwierigkeiten hin: Zunächst konnten bei den Befragungen Veränderungsresistenzen festgestellt werden. Mangelnde Kenntnis der Möglichkeiten, wie Vorgaben in kritischen Bereichen umgesetzt werden könnten, deckte einen großen Qualifikations- und Beratungsbedarf in den Hochschulen auf. Darüber hinaus bestanden interne Abstimmungsprobleme. Kritisiert wurden des Weiteren der Mangel an personellen Ressourcen und das interne Qualitätsmanagementsystem. Dessen Schwäche zeigte sich insbesondere in der studentischen Lehrveranstaltungsbewertung, deren Ergebnisse auf den verschiedenen Steuerungsebenen der Hochschulen häufig nicht berücksichtigt wurden.

5.2.6 Bewertung der externen Reformsteuerung

Eingangs wurden folgende Leitfragen gestellt: »Wird die Akkreditierung in den Hochschulen akzeptiert oder werden andere Verfahren der Steuerung und Kontrolle des Reformprozesses bevorzugt? Wird die Akkreditierung von den zentralen und dezentralen Verantwortlichen in den Hochschulen gleichermaßen akzeptiert oder werden andere Verfahren der Steuerung und Kontrolle des Reformprozesses bevorzugt?«

Zur Beantwortung der Fragen wurden mehrere Indikatoren betrachtet. Zunächst ist die Akzeptanz der Reform ein erster Hinweis auf die Akzeptanz der externen Kontrolle. In Abbildung 23 wird ersichtlich, dass die Mehrzahl der Verantwortlichen an Hochschulen (64,6 %) die Reform allgemein als »nicht gelungen« bewertet haben.

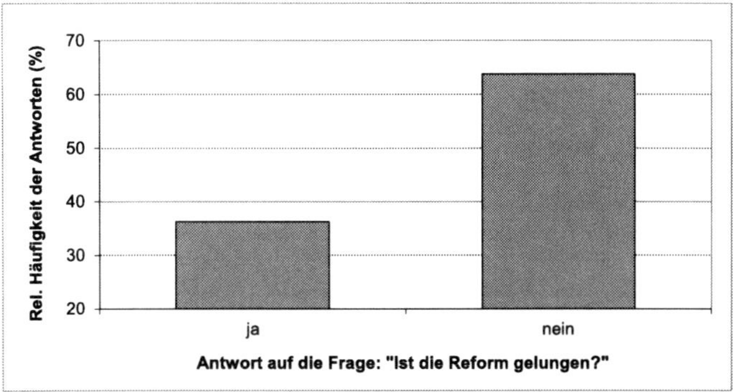

Abbildung 23: Akzeptanz der Reformumsetzung (relative Häufigkeit der Angaben der Befragten).

Wie nach Auffassung der Befragten die künftige Steuerung des Reformprozesses aussehen sollte, wird aus der Darstellung der Einschätzungen der Befragten in Abbildung 24 ersichtlich. Die meisten Befragten sprachen sich für eine hochschulinterne Steuerung aus (34,9 %). Aber auch hochschulinterne Zielvereinbarungen (22,8 %), die Studiengangsevaluation (18 %) sowie Ziel- und Leistungsvereinbarungen zwischen Hochschulträger und Hochschule (17,5 %) stießen auf verhältnismäßig große Akzeptanz. Ungefähr jeder Siebte äußerte den Wunsch nach dem traditionellen Zusammenwirken von Hochschule und Staat (13,8 %). Die Systemakkreditierung (12,7 %) schnitt im Vergleich zur Studiengangsakkreditierung (6,9 %) etwas besser ab. Auch die institutionellen Evaluationen (7,4 %) und die Auditierung des Qualitätsmanagements (7,9 %) wurden nicht als geeignete Alternativen zur Steuerung des Reformprozesses angesehen. Insgesamt kann festgestellt werden, dass der hochschulinternen

Steuerung vor externen Steuerungsalternativen der Vorzug gegeben wurde. Allerdings ist nicht erhoben worden, ob die Befragten die vorgegebenen Steuerungsinstrumente kannten und vergleichen konnten. Die Antworten auf die offene Frage machen deutlich, dass einige Befragte nicht alle Formen kannten, was die Aussagekraft der Ergebnisse schmälert.

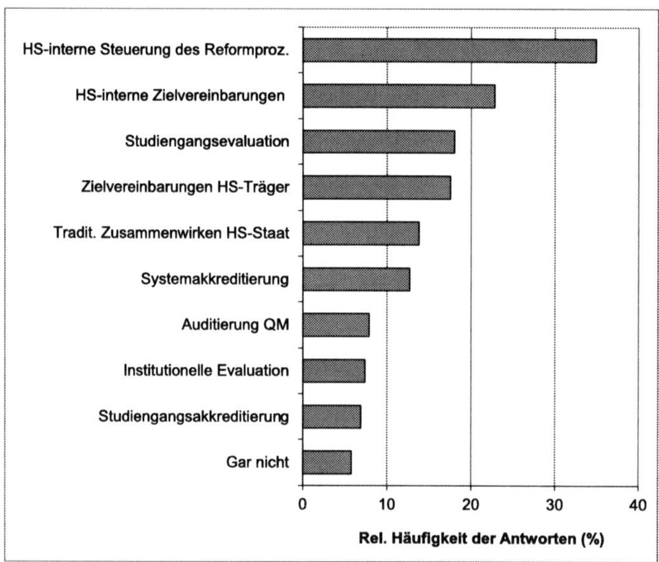

Abbildung 24: Vorschläge der Befragten für die zukünftige Steuerung des Reformprozesses (relative Häufigkeit der Angaben, Mehrfachantworten waren möglich).

Tabelle 12: Legende für die Abkürzungen der Items in Abbildung 24 und 25

Abkürzung	Item in der Befragung
HS-interne Steuerung des Reformprozesses	Hochschulinterne Steuerung des Reformprozesses
HS-interne Zielvereinbarungen	Hochschulinterne Ziel- und Leistungsvereinbarungen
Studiengangsevaluation	Studiengangsevaluation
Zielvereinbarungen HS-Träger	Ziel- und Leistungsvereinbarungen zwischen Hochschulträger und Hochschule
Tradit. Zusammenwirken HS-Staat	Traditionelles Zusammenwirken von Hochschule und Staat
Systemakkreditierung	Akkreditierung des Qualitätsmanagements (Systemakkreditierung)
Auditierung QM	Auditierung des institutionellen Qualitätsmanagements

(Fortsetzung)

Institutionelle Evaluation	Institutionelle Evaluation
Studiengangsakkreditierung	Studiengangsakkreditierung
Gar nicht	Es soll »gar nicht« gesteuert werden.

Die negative Bewertung der Studiengangsakkreditierung, die sich im Übrigen mit anderen Untersuchungen deckt,[70] wurde auch bei der Frage nach den Ursachen für die Umsetzungsschwierigkeiten deutlich: Knapp ein Fünftel der Befragten gaben an, dass Umsetzungsschwierigkeiten u. a. damit zusammenhängen, dass die Agenturen die Vorgaben anders interpretierten als die Hochschulen. Rund 17 % der Befragten betrachteten eine unzureichende Verfahrenssteuerung und Beratung durch die Agenturen als zentrale Ursachen. 13 % der Befragten sahen ungeeignete Akkreditierungsgutachter als ursächlich für Umsetzungsschwierigkeiten an.

Betrachtet man die Befunde differenziert nach zentralen und dezentralen Akteuren (Abbildung 25), so kann festgestellt werden, dass von 50 % der zentralen Akteure die Reform generell als gelungen angesehen wurde, jedoch nur von 34 % der dezentralen Akteure. Dieser Unterschied erwies sich jedoch als statistisch nicht signifikant [$\chi^2(1)=1.6$; n.s.].

Die Frage nach der künftigen Steuerung des Reformprozesses wurde von den zentralen und dezentralen Akteuren in dreierlei Hinsicht unterschiedlich bewertet: Zentrale Akteure gaben häufiger als dezentrale Akteure die Steuerungsoptionen »Hochschulinterne Ziel- und Leistungsvereinbarungen« [$\chi^2(1)=5.1$; $p<.05$], »Ziel- und Leistungsvereinbarungen zwischen Hochschulträger und Hochschule« [$\chi^2(1)=4.5$; $p<.05$] sowie die »Auditierung des institutionellen Qualitätsmanagements« [$\chi^2(1)=9.3$; $p<.01$] an (siehe Abbildung 25). Der verbreiteten Kritik der dezentralen Akteure an einigen Reformzielen stand eine etwas weniger ausgeprägte Ablehnung der Programmakkreditierung gegenüber.

Diese Befunde wurden durch die folgenden Antworten auf die offene Frage nach Ursachen für Umsetzungsschwierigkeiten untermauert:

1) Beschneidung der Hochschulautonomie
Viele Befragte sprachen sich für Steuerungsinstrumente aus, die weniger Prüfungscharakter haben und die Autonomie der Hochschule nicht einschränken. Die Befragten wünschten sich, dass den Hochschulen mehr Vertrauen entgegengebracht würde: »Die meisten Hochschulen sind nicht gestern auf der grü-

70 z. B. Nickel (2010), die 5589 Professorinnen und Professoren zur Nützlichkeit von QS-Instrumenten befragt hat: »Das mit Abstand am wenigsten nützlich eingestufte Verfahren ist die Studiengangsakkreditierung.«

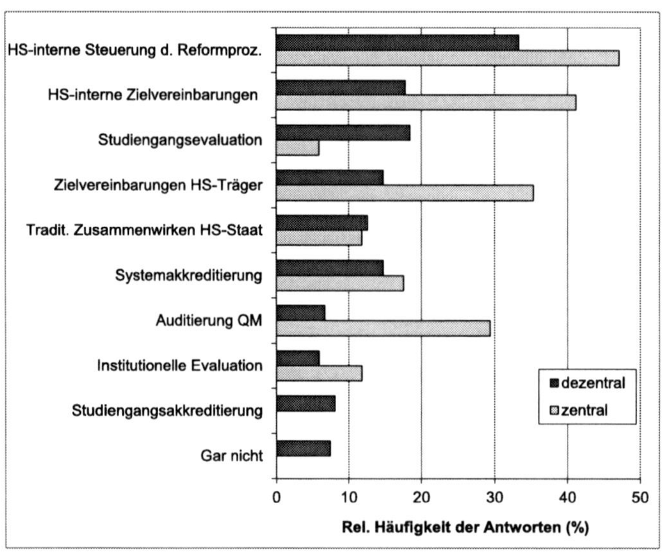

Abbildung 25: Vorschläge der zentralen und dezentralen Akteure für die zukünftige Steuerung des Reformprozesses (relative Häufigkeit der Angaben, Mehrfachantworten waren möglich).

nen Wiese entstanden, sondern existieren schon seit sehr langer Zeit, dementsprechend gibt es ein hohes Maß an Erfahrungen, wie ein erfolgreiches Studium aussehen muss. [...] In den wenigen Fällen, wo das nicht der Fall ist, müsste das Ministerium steuernd eingreifen.«

2) Fehlende Umsetzungskontrolle bei der Akkreditierung

Im Bereich der Modularisierung wurden insbesondere die Modulprüfungen abgelehnt. Die Vorgaben führten dazu, »dass diese sinnvollen Maßnahmen [Modulteilprüfungen] in den Prüfungsordnungen verschwiegen bzw. nicht genannt werden.«

Obwohl die Durchführung von Modulprüfungen die Anzahl der Prüfungen insgesamt reduzieren würde, beschwerten sich verschiedene Befragte über eine zu hohe Prüfungsbelastung. Verschiedene Befragte kritisierten, dass dem Akkreditierungssystem die Umsetzungskontrolle fehlen würde: »Den Agenturen werden hochschulseits Zulassungs-, Prüfungs- und Qualitätssicherungsrichtlinien vorgelegt, an die sich in der Praxis häufig keiner hält. Die Umsetzungskontrolle fehlt.« Ein anderer Befragter machte deutlich, dass »lediglich Papiertiger extra für die Akkreditierung produziert« würden: »Akkreditierungsagentur reicht nicht als externe Qualitätssicherung aus. Papier ist geduldig und darauf kann man viel schreiben. Richtiges Hineinschauen in Hochschulen ist sehr wesentlich.« Es wurde zugegeben, dass Modulteilprüfungen für die Akkreditierung teilweise versteckt wurden und nicht in der Prüfungsordnung auftauchten, da die Verantwortlichen auf sie nicht verzichten wollten.

3) Unterschiede zwischen den Akkreditierungsagenturen
Verschiedene Befragte wiesen darauf hin, dass es teilweise große Unterschiede zwischen den Akkreditierungsagenturen gäbe. Dieses sei z. B. bei einem Wechsel der Akkreditierungsagentur im Rahmen der Reakkreditierung deutlich geworden. Dabei sind »unterschiedliche Interpretationen je nach Agentur« offensichtlich geworden. Dieser Befund deckt sich mit den Ergebnissen der Dokumentenanalyse, wonach identische Qualitätsmängel von unterschiedlichen Agenturen – aber auch innerhalb einer Agentur – häufig auf unterschiedliche Weise moniert wurden. Die Studienstrukturvorgaben bzw. deren Interpretation durch den Akkreditierungsrat ließen zum Teil viel Interpretationsspielraum zu. Die großen Interpretationsspielräume und die mangelnde Trennschärfe der Vorgaben konnten zum einen dazu führen, dass die Hochschulen oder auch die Agenturen sie nicht richtig interpretierten, zum anderen erschwerten sie die Überprüfung ihrer Erfüllung. Es kann aber auch gefolgert werden, dass die Monitoring-Verfahren des Akkreditierungsrats nicht ausreichend funktionierten.

4) Unterschiede zwischen den Bundesländern
Die Befragten äußerten die Kritik, dass das »System der externen Steuerung keine einheitlichen Strukturen sicher [stellt]« [und auf] »uneinheitliche BA- und Masterstrukturen allein im Land Niedersachsen [verweist].«

Die Strukturen seien nicht nur in, sondern auch zwischen den Bundesländern uneinheitlich. Die Existenz von landesspezifischen Vorgaben wurde in diesem Zusammenhang kritisiert.

5) Ineffizienz des Systems
Der Ressourcenaufwand der Hochschulen für die externe Steuerung wurde als sehr hoch angesehen. Kritisiert wurde ein unausgewogenes Aufwand-Nutzen-Verhältnis von Akkreditierungen: »Die Akkreditierungsverfahren als (G)anze sehe ich als eine maßlose Überbürokratisierung, die endlos viel Blindleistungs-Arbeitszeit kostet. Akkreditierungsverfahren sind ein gigantisches Instrument Geld zu vernichten. Bitte erspart den Hochschulen teure Akkreditierungsverfahren und Re-Akkreditierungsverfahren, die überwiegend dazu dienen Agenturen zu beschäftigen. Leid tragend ist letztendlich das Lehrpersonal, das weiterhin gekürzt wird, und dies fördert nicht die Qualität der Lehre.«

Die externe Steuerung »schluckt viel Zeit und ist dabei trotzdem wenig effektiv; [sie] sollte von daher ganz wieder abgeschafft werden. Es müssen inzwischen hauptamtliche Mitarbeiter/innen in Fakultäten und Fachbereichen allein für Akkreditierungen eingestellt werden. Diese Stellen werden, um den Prozess kostenneutral zu gestellten, dem Lehrbereich entzogen. Das schwächt die Lehre, also den eigentlichen Daseinszweck von Hochschulen.«

6) Ineffektive Durchführung der Akkreditierungsverfahren
Die offenen Fragen machten deutlich, dass die Durchführung der Akkreditierungsverfahren zu Problemen geführt hat: Schlecht geschultes Personal der Agentur »insbesondere in fachlichen Fragen«, ein mangelhafter Leitfaden zur Akkreditierung und ein schlecht organisierter und nicht standardisierter Akkreditierungsprozess haben zu Problemen bei der Umsetzung der Studienstrukturreform geführt. Gewünscht wurde eine »bessere Kommunikation zwischen Agentur und Fakultät (Informationen bleiben auf oberer Hochschulebene ›hängen‹ und erreichen nicht die Betroffenen).« Die Agentur müsse »deutlich professioneller arbeiten, keine Unterlagen verschlampen oder durcheinanderbringen und Aufgaben zeitnah erledigen.« Es wurde mehr »Qualitätssicherung bei den Akkreditierungsagenturen« gefordert.

7) Kompetenzunterschiede bei den Gutachtern
Die Gutachter, die an den Akkreditierungsverfahren mitwirken, haben einen großen Einfluss auf die Güte und das Resultat der Begutachtung. Sie müssen prüfen, ob die zu begutachtenden Studiengänge alle akkreditierungsrelevanten Vorgaben erfüllen.

Die qualitativen Daten spiegelten und konkretisierten die Kritik an den Gutachtern. Die Güte der gutachtlichen Expertise war abhängig von dem Grad des individuellen Vorwissens bzw. der Vorerfahrung mit dem Thema Studienstrukturreform, der Einstellung gegenüber der Reform und dem individuellen Rollenverständnis. Es kam vor, dass Gutachter sich scheuten, die Arbeit und Mühen ihrer Fachkollegen zu kritisieren, sodass sie Mängel durchgehen ließen: »Es ist die Schwierigkeit aufgetreten, dass ›wahrhaftige‹ inhaltliche Mängel von Studienprogrammen (z.B. diffuse Ziele, abstruse Modularisierung, wenig hilfreiche Prüfungsformen, schöne Qualitätslyrik ohne Realitätsbezug) von den Gutachterinnen und Gutachtern durchgewunken wurden, weil diese zwar fachlich fit sind, aber von Curriculumsentwicklung nicht besonders viel Ahnung haben und die ›entscheidenden‹ Kriterien bei weitem zu lasch interpretieren – denn eine Krähe hackt der anderen kein Bein aus... äh, Auge.«

Andere Befragte wünschten sich ein »Qualitätssicherungssystem für die Gutachter!« sowie eine »dramatische Verbesserung der Qualität der Gutachter/-innen (hinsichtlich ihrer Informiertheit, was sie da tun, nach welchen Kriterien und wieso).«

8) Fehlende Beratung
Insbesondere beratende Elemente wurden bei der Programmakkreditierung vermisst: »Akkreditierung verläuft verkehrt herum: 1. Planung, 2. Begutachtung. Besser wäre: 1. Planung mit gleichzeitiger Beratung, 2. Umsetzung.« In einigen Fällen gingen die Verantwortlichen in den Hochschulen davon aus, die Vorgaben bereits erfüllt zu haben, sodass sie während der Akkreditierung davon überrascht waren, dass ihre Interpretation der Vorgaben nicht zutreffend war. Sie wünschten sich »mehr beratende Begleitung der Entwicklung des QM-Systems«,

Die fehlende Beratung wurde häufig auch als mangelnde Kommunikation zwischen Agentur und Hochschule moniert. Die »Beratung der Hochschulen [ist] bei der Weiterentwicklung des QM-Systems die bessere Alternative.«

Zusammenfassend wird festgehalten, dass sich bestimmte Ursachen für Umsetzungsschwierigkeiten herauskristallisiert haben, die mit der Steuerung des Reformprozesses zusammenhängen.

1) Die externe Steuerung fand wenig Akzeptanz und wurde als Beschneidung der Hochschulautonomie wahrgenommen. Die Befragten wünschten sich, dass den Hochschulen in Fragen der Qualitätssicherung mehr Vertrauen entgegengebracht würde. Es konnte festgestellt werden, dass der hochschulinternen Steuerung vor externen Steuerungsalternativen klar der Vorzug gegeben und mehr Hochschulautonomie gefordert wurde.
2) Die Ergebnisse der Befragungen machten deutlich, dass die Studiengangsbeschreibungen im Rahmen des Akkreditierungsantrags und die tatsächliche Durchführung des Studiengangs nicht unbedingt kongruent waren. Es ist wahrscheinlich, dass nicht selten eine systematische Diskrepanz zwischen Selbstbeschreibung im Akkreditierungsantrag und der tatsächlichen Ausgestaltung des Studiengangs bestand. Die Möglichkeiten, von außen in die inneren Verhältnisse der Hochschule hinein zu sehen, hat sich als begrenzt erwiesen.
3) Die Vorgaben ließen zu viel Interpretationsspielraum zu. Die Akkreditierungsentscheidungen der Agenturen unterschieden sich bei identischen Umsetzungsmängeln sowohl inter- als auch intrainstitutionell. Die großen Interpretationsspielräume und die mangelnde Trennschärfe der Vorgaben konnten zum einen dazu führen, dass die Hochschulen diese nicht richtig interpretierten, zum anderen erschwerten sie die Überprüfbarkeit ihrer Erfüllung. Wohl deshalb wurde von den Befragten mehr Qualitätssicherung bei den Agenturen selbst gefordert.
4) Unterschiede zwischen den einzelnen Bundesländern in Form von länderspezifischen Strukturvorgaben wurden kritisiert, da sie das System uneinheitlich machten und die Vergleichbarkeit von Abschlüssen einschränkten.

5) Die Akkreditierung wurde als Überbürokratisierung beschrieben, die mit hohen Kosten verbunden ist. Außerdem wurde festgestellt, dass die Reform eine bessere Ausstattung der Hochschulen voraussetzt. Da keine zusätzlichen Ressourcen für die Reform bereitgestellt wurden, kam es zum Konflikt mit anderen zentralen Bereichen – insbesondere mit der Forschung – um Mittel und Personal.
6) Die Durchführung der Verfahren durch die Akkreditierungsagenturen wurde kritisiert. Das Personal war in fachlichen Fragen z. T. schlecht geschult. Bemängelt wurden insbesondere die schriftlichen Unterlagen, die bürokratische Durchführung, Kommunikationsprobleme zwischen Hochschulen und Agenturen sowie die teilweise schlechte Auswahl und Schulung von Gutachtern.
7) Von den Hochschulen wurde bei der Interpretation und Umsetzung der Vorgaben ein hohes Maß an Eigenverantwortung erwartet. Im Akkreditierungssystem ist jedoch eine institutionalisierte Beratung in Bezug auf Erfolg versprechende Implementationsstrategien oder »best practise« - Modelle nicht vorgesehen; die Hochschulen waren mit dieser Aufgabe auf sich allein gestellt. Von den Verantwortlichen in den Hochschulen wurde daher kritisiert, dass die Akkreditierung nicht systematisch mit Beratung verknüpft war.

5.3 Befragungen von Studierendenvertretern

Eingangs wurde folgende Leitfrage gestellt: »Werden Schwierigkeiten und Probleme bei der Reformumsetzung von Studierendenvertretern ähnlich bewertet wie von den Verantwortlichen in den Hochschulen?« Die Interviews verdeutlichen die Einschätzungen der Studierenden zu problematischen und unproblematischen Umsetzungsbereichen und zeigen an verschiedenen Stellen Abweichungen zu den Auffassungen der Verantwortlichen in den Hochschulen.

5.3.1 Unproblematische Umsetzungsbereiche

1) Ausgestaltung von Lehr- und Lernprozessen
Die meisten Studierenden äußerten sich in den Interviews über die Ausgestaltung der Lehr- und Lernprozesse in ihren Studiengängen durchaus positiv. Es wurde nur über wenige Probleme, wie das Fehlen von Gestaltungsmöglichkeiten und Frontalunterricht, berichtet. Viele Studierende machten deutlich, dass die Ausgestaltung der Lehr- und Lernprozesse von den didaktischen Kompetenzen der jeweiligen Dozenten abhängig war.

2) Vermittlung von Schlüsselkompetenzen
Fast zwei Drittel der Befragten haben die Vermittlung von Schlüsselkompetenzen in ihren Studiengängen positiv bewertet; ca. ein Drittel der Interviewten vermissten allerdings die Vermittlung von Schlüsselkompetenzen in ihren Studiengängen: »Und da sind wir dann wieder bei der Personalausstattung. Wenn 50 Leute eine Hausarbeit schreiben und ein oder zwei [...] Mitarbeiter müssen die korrigieren, da achtet man vielleicht noch auf die Inhalte und auf Rechtschreibfehler, aber nicht darauf, wie gut das jetzt recherchiert und zitiert wurde und so weiter.«

In den Seminaren zur Vermittlung von Schlüsselkompetenzen konnten die Studierenden kaum einschätzen, inwiefern sich ihre Fähigkeiten weiterentwickelt hatten, da ein entsprechendes Feedback fehlte. Als problematisch wurde bewertet, wenn Hochschulen nicht zum Curriculum gehörende Veranstaltungen zur Vermittlung von Schlüsselkompetenzen anboten, da deren Besuch nicht als Studienleistung angerechnet wurde.

3) Überschneidungsfreies Angebot von Pflichtveranstaltungen
Die Studierendenvertreter berichteten, dass an Hochschulen zunehmend auf ein überschneidungsfreies Angebot von Veranstaltungen, insbesondere von Pflichtveranstaltungen und Lehrveranstaltungen mit hohen Durchfallquoten in Prüfungen, geachtet wurde.

Zu Überschneidungen sei es jedoch insbesondere in Zwei-Fächer-Bachelor-Studiengängen gekommen, vor allem im Falle ungewöhnlicher Fächerkombinationen: »Gewisse Kombinationen im fächerübergreifenden Bachelor sind besonders problematisch, z. B. Chemie und Musik. Diese beiden Fächer gemeinsam vernünftig zu studieren geht eigentlich gar nicht, weil sich die Musikhochschule nicht mit den chemischen Instituten abspricht; da wird eigentlich überhaupt nicht aufeinander eingegangen.«

Wurde das Ziel eines überschneidungsfreien verpflichtenden Lehrangebots erreicht, sahen sich die Studierenden wiederum mit einem über den ganzen Tag ausgedehnten Stundenplan konfrontiert, der viele freie Lücken aufwies.[71]

4) Realisierung der Qualifikationsziele, Berufsbefähigung und Master-Zugang
In den Interviews stellte sich heraus, dass ein Teil der Studierenden die Qualifikationsziele ihrer Studiengänge gar nicht kannten und daher auch nicht bewerten konnten: »Jetzt muss ich überlegen, was sind denn unsere Ziele eigentlich?«

Von denjenigen Studierenden, die weitere Angaben machten, sahen nur wenige Probleme bei der Realisierung der Qualifikationsziele. Diese bezogen sich

71 Siehe auch Schulmeister & Metzger (2011).

auf die Qualifikationsziele der Bachelorprogramme, die als nicht berufsqualifizierend angesehen wurden. Insbesondere Studierende des Lehramts fanden die Stufung ihres Studienganges nicht sinnvoll. Die meisten Studierenden strebten einen Masterabschluss an und kritisierten die »sehr geringe Master-Übernahmequote«

5) Die Beratung und Betreuung der Studierenden
Die meisten Fachschaftsvertreter bewerteten das Beratungs- und Betreuungsangebot an der eigenen Hochschule als gut. Dies wurde vor allem auf die Studiengebühren zurückgeführt. Zusätzliche Beratungsangebote, die von Studierenden, Tutoren oder Fachschaften angeboten wurden, verbesserten die Betreuungssituation zusätzlich. Entscheidend für die Beratungsqualität sei der persönliche Einsatz der Lehrenden, insbesondere wenn »die Dozenten immer Zeit für die Studierenden hätten, auch abseits ihrer Sprechzeiten ein offenes Ohr haben und E-Mails schnell beantworten.« Einige Studierende hatten die Erfahrung gemacht, dass sie von einer Stelle zur nächsten verwiesen wurden. Dieses Problem wurde durch zentrale Service-Stellen gelöst.

6) Transparenz und Dokumentation
Vergleichsweise selten wurden die Transparenz und Dokumentation hinsichtlich des Studienverlaufs und der Prüfungsanforderungen problematisiert. Gewisse Probleme mit der Transparenz entstanden in Studiengängen mit großer individueller Gestaltbarkeit, wenn die Studierenden nicht wussten, welche Veranstaltungen in welchen Modulen angerechnet werden konnten.

Die Interviews mit den Fachschaftsvertretern zeigen, dass viele Bereiche der Studienstrukturreform gut umgesetzt wurden, auch wenn es an einigen Stellen noch Verbesserungsbedarf gibt. Es hing nach wie vor von den jeweiligen Dozenten ab, wie die Lehr- und Lernprozesse organisiert und die Beratung und Betreuung der Studierenden durchgeführt wurden. Die Fachschaftsvertreter gaben weiter an, dass die Studierenden die Qualifikationsziele ihrer Studiengänge zu wenig kennen würden und auch schlecht einschätzen könnten, welche Lehrinhalte sie auf eine zukünftige Praxis vorbereiteten. Auch könnten sie schlecht einschätzen, welche Schlüsselqualifikationen sie noch erwerben sollten, um sich auf dem Arbeitsmarkt durchsetzen zu können. Bemängelt wurde, dass es für die Angebote zur Theorie-Praxis-Verzahnung und zur Vermittlung von Schlüsselqualifikationen an personeller Ausstattung fehle.

5.3.2 Problematische Umsetzungsbereiche

1) Unausgewogene Verteilung der Arbeits- und Prüfungsbelastung
Fast alle Befragten haben über eine zu hohe Arbeits- und Prüfungsbelastung geklagt.[72] Die Problematik ergab sich aus der unausgewogenen quantitativen Verteilung der Arbeits- und Prüfungsbelastung im Verlauf des Semesters und des Studiums. Als besonders hoch und unangemessen wurde die Prüfungsbelastung aufgrund von Prüfungsballungen zum Ende des Semesters, zu vielen Modulteilprüfungen[73], schlechter Konstruktion von Modulprüfungen und der Standardisierung der Prüfung (Klausur) angesehen.

Mehrere Fachschaftsvertreter berichteten zudem von massiven Abweichungen des Arbeitsaufwands vom geplanten Workload, insbesondere der Selbststudienzeit. Die Ursache wurde vielfach in der Unkenntnis der Dozenten gesehen, wie der Workload zu berechnen sei, zudem könnten interindividuelle Kompetenz- und Leistungsdifferenzen nicht berücksichtigt werden. Vielen Studierenden war in diesem Zusammenhang allerdings nicht bewusst, dass sich der veranschlagte Workload des Studiengangs auch auf die vorlesungsfreie Zeit bezieht. Besonders problematisch sei die Arbeitslast in den Bachelor-Studiengängen, wobei vor allem konzeptionelle Fehler Schuld seien. Daher wurde vorgeschlagen, das sechssemestrige Bachelor-Studium auszudehnen, die Klausuren auf zwei Prüfungszeiträume zu verteilen, den zeitlichen Abstand zwischen Vorlesungsende und Prüfungen zu verlängern, Modulprüfungen tatsächlich und nicht nur *pro forma* zu realisieren und die automatische »Zwangsanmeldung« zu Prüfungen abzuschaffen.

2) Verschulung des Studiums
Zahlreiche Fachschaftsvertreter sahen aufgrund der Verschulung kaum Unterschiede zwischen ihrer Schulzeit und dem Hochschulstudium: »Wir haben eigentlich alles sozusagen im Klassenverband, also es ist meiner Ansicht nach fast noch extremer als Oberstufe / Schule, da kann man wenigstens teilweise wählen, welche Kurse man belegen möchte, man hat unterschiedliche Leute. Aber man trifft eigentlich [...] in meinem Studiengang gar keine anderen Studierenden.«

Die Verschulung des Studiums sei zunächst fächerspezifisch unterschiedlich ausgeprägt. Von besonders restriktiven Vorgaben berichteten die Fachschaftsvertreter wirtschafts- und naturwissenschaftlicher Studiengänge. Dieser Befund deckt sich mit den Ergebnissen der Fragebogenerhebung, wonach im Vergleich

72 Methodisch hätte in der Befragung zwischen Arbeits- und Prüfungsbelastung unterschieden werden sollen.

73 Die neuen KMK-Vorgaben (KMK, 2010) lassen Modulteilprüfungen nur in begründeten Ausnahmefällen zu.

mit den anderen Studiengängen die Wahlfreiheit bei wirtschafts- und naturwissenschaftlichen Studiengängen geringer war. In den übrigen Studiengängen stehe die Verschulung im Zusammenhang mit der Fachbereichsgröße, denn in einem kleinen Fachbereich sei es schwieriger, ein vielfältiges Veranstaltungsangebot bereit zu stellen. Hinzu kämen Probleme mit der Personalkapazität.

Zwar gab es Hochschulen, die mit obligatorischen Wahlfächern oder »Studium Generale«-Modulen hinreichend individuelle Wahlmöglichkeiten anboten, die meisten Hochschulen hatten in dieser Hinsicht allerdings große Schwierigkeiten. Im Extremfall bestanden für die Studierenden überhaupt keine Wahlmöglichkeiten: »Alle Module sind vorgegeben, die wir belegen müssen. Wir haben darüber hinaus keine Möglichkeit, irgendein anderes Modul zu belegen oder uns sozusagen in einem Wahlpflichtbereich [...] zwischen zwei Modulen zu entscheiden oder so was. Selbst Vertiefungsfächer [...], das gibt's auch nicht, d. h., das muss auch jeder belegen. [...] Teilweise geht es sogar so weit, dass [...] in den Seminaren die Referatsthemen vergeben werden per Liste sozusagen. [...] Es gibt auch keine unterschiedlichen Seminarthemen, d. h. die Seminare machen auch alle dasselbe. [...] D.h., wir haben im Prinzip ja eigentlich gar keine individuelle Gestaltbarkeit. Also, alle durchlaufen sozusagen das gleiche Programm.«

3) Mangelnde Kompetenzorientierung der Prüfungen

Vorwiegend Studierende wirtschafts- und naturwissenschaftlicher Studiengänge beklagten, aufgrund der hohen Studierendenzahlen fast ausschließlich Klausuren schreiben zu müssen. Die Prüfer seien häufig überlastet und nicht mehr in der Lage, die Prüfungen sinnvoll und den Modulzielen entsprechend auszugestalten sowie anschließend ein umfassendes Feedback zu geben. Viele der interviewten Fachschaftsvertreter bemängelten außerdem, dass die Prüfungen nur die Reproduktion von Fachwissen verlangten und keinerlei Transferleistungen erforderten. Einige Fachschaftsvertreter gaben zu bedenken, dass es den Dozenten möglicherweise an Ideen und Unterstützung fehlte, um Kompetenzen in geeigneter Art und Weise abzuprüfen.

4) Unzureichende Umsetzung der Modularisierung und der Modulprüfungen

Besonders häufig wiesen die Fachschaftsvertreter auf grundlegende Mängel bei der Modularisierung hin. In vielen Studiengängen wurde das System formal zwar umgesetzt, jedoch fand es keinen Eingang in die Organisation von Lehre und Prüfungen, da »Professoren noch in Lehrveranstaltungen denken, nicht in Modulen.«

Dieses Problem schlug sich direkt in der Ausgestaltung der Prüfungen nieder: »Dadurch wird eine einheitliche Prüfungsleistung zur Farce, denn es sind nun einmal unterschiedliche Veranstaltungen, die man am Ende nicht durch eine Prüfungsleistung abprüfen kann.«

Kritisiert wurden insbesondere Modulprüfungen, die eine Kumulation der Modulteilprüfungen darstellten.

5) Durchführungsmängel und Folgenlosigkeit von Lehrveranstaltungsbewertungen

Die Durchführung der Lehrveranstaltungsbewertungen wurde von den Befragten überwiegend positiv bewertet. Als problematisch wurde dagegen die Konstruktion der Evaluationsbögen beschrieben. Die Hälfte der Befragten gaben an, dass die Fragebögen zu wenig Platz für Erläuterungen böten und oft nicht zu den unterschiedlichen Veranstaltungsformen passten. Daher brachten manche Dozenten auch noch ihren eigenen Evaluationsbogen mit, wodurch die Anonymität nicht gewährleistet war. Häufig beeinflussten andere Faktoren, wie der Erhebungszeitpunkt, die Ergebnisse der Lehrveranstaltungsbewertung: »Am Anfang sitzen 300 Studierende in der Vorlesung, am Ende nur noch 50. Die letzten 50 finden die Veranstaltung gut, die anderen 250 füllen aber gar keinen Bogen aus; wenn man früher evaluiert, ist aber die Veranstaltungsreihe noch gar nicht zu Ende.«

Mehrere Studierende äußerten die Befürchtung, dass bevorstehende Prüfungen einen Einfluss auf die Evaluationen hätten: »Weil man möchte ja vor seiner Prüfung unter Umständen den jeweiligen Dozenten nicht verärgern.« Zwei Hochschulen hätten dieses Problem gelöst, indem vor der Prüfung evaluiert und das Ergebnis der Befragung dem Dozenten erst nach der jeweiligen Prüfung zur Verfügung gestellt worden sei.

Bemängelt wurde von den Fachschaftsvertretern darüber hinaus, dass Lehrveranstaltungsbewertungen folgenlos blieben: »Maximal vom Drittel der Evaluation hört man überhaupt was, also zwei Drittel verschwinden«. Es gab Lehrende, die die Lehrveranstaltungsbewertungen sehr ernst nahmen, andere Lehrende wurden dagegen als »belehrungsresistent« beschrieben. Manche Dozenten versuchten, die Lehrveranstaltungsbewertung zu umgehen; sie »machen dies online, da sie wissen, dass sich dort nur wenige Studierende beteiligen«.

6) Verzahnung von Theorie und Praxis

Mehr als ein Drittel der Fachschaftsvertreter gaben an, dass in ihrem Studiengang Theorie und Praxis ausreichend miteinander verknüpft seien. Alle anderen Interviewpartner hingegen kritisierten die Verzahnung von Theorie und Praxis in ihren Studiengängen. Die Praxisanteile seien beispielsweise nicht richtig vor- und nachbereitet worden oder es sollte ein obligatorischer Praktikumsbericht geschrieben werden, der keine Rückmeldung durch den Dozenten zur Folge hatte. Außerdem vermissten die Befragten Praxisanteile in ihrem Studium, was dazu führte, dass sie nicht einschätzen konnten, wofür sie die Lehrinhalte einmal brauchen könnten. Auch die Praktika seien nicht immer gut vor- und nachbereitet worden und es fehlte an Unterstützung bei der Suche nach einem geeigneten Praktikumsplatz

7) Gewährleistung von Mobilität
Von den Fachschaftsvertretern wurden vielfältige Mobilitätshindernisse benannt. In den meisten Fällen ließ die straffe Studienorganisation keine Zeit für ein Auslandssemester innerhalb der Regelstudienzeit. Die finanzielle Belastung, die Unsicherheit über die Anrechnung der im Ausland erbrachten Studienleistungen sowie die Auseinandersetzung mit den Prüfungsämtern hinderten viele Studierende daran, ein Auslandsemester zu absolvieren. Als mögliche weitere Ursache wurde von den Studierenden auch »geringe Motivation« angegeben.

Die Aussagen über Mobilitätshindernisse wurden von den Fachschaftsvertretern und den Verantwortlichen in den Hochschulen durchaus geteilt, nicht jedoch in Bezug auf die Anrechnung der extern erbrachten Leistungen. Die Verantwortlichen in den Hochschulen sahen hier kaum Probleme, während die Studierenden gänzlich andere Erfahrungen gemacht haben. Bereits der nationale Wechsel von Hochschule zu Hochschule machte nach Ansicht der Studierendenvertreter Probleme. Die Mehrheit der Fachschaftsvertreter gaben an, dass ein Wechsel häufig mit Rückstufungen in niedrigere Semester oder mit umfangreichen Auflagen zum Nachstudieren verbunden war. Eine Ursache sei die »Verantwortungsdiffusion« innerhalb und außerhalb der Hochschule. Aus den Interviews mit den Fachschaftsvertretern wurde aber auch deutlich, dass es hinsichtlich der Anrechnung extern erbrachter Leistungen auch Wissensdefizite gibt. Verschiedene Fachschaftsvertreter wussten nicht, dass derartige Möglichkeiten überhaupt existierten.

Es wird festgehalten: Die Sicht der Studierendenvertreter auf die Umsetzungsprobleme unterscheidet sich teilweise von den Einschätzungen der Hochschulmitarbeiter. So wurden Reformbereiche identifiziert, deren Umsetzung von den verantwortlichen Hochschulmitarbeitern als eher unproblematisch charakterisiert worden war, während die Studierendenvertreter sie für besonders problematisch hielten. Diese Diskrepanz ergab sich vor allem bei der Anrechnung extern erbrachter Leistungen, der Realisierung modulbezogener Prüfungen, der Definition von Kompetenzzielen für Module, der Bestimmung der Modulgrößen, der Gewährleistung von Rückmeldungen auf Lehrveranstaltungsbewertungen und der Gewährleistung von Wahlfreiheit. In diesen Bereichen bewerteten die Studierenden die Umsetzungen kritischer als die Hochschulmitarbeiter.[74] Es ist daher zu vermuten, dass die notwendige Kommunikation zwischen den Studierenden und den Hochschulmitarbeitern im Reformprozess nur eingeschränkt stattfand.

Die Studierendenvertreter klagten zudem über Mängel, die im Rahmen der Akkreditierungsverfahren nicht moniert worden waren. So kritisierte die Mehrzahl der Studierendenvertreter u. a. die unrealistischen Workload-Annahmen, die mangelnde Studierbarkeit durch Prüfungsbelastungen, die Folgenlosigkeit der Lehrveranstaltungsbewertungen sowie den Mangel an Kompetenzorientierung der Prüfungen. Es liegt die Vermutung nahe, dass die o. g. Bereiche in den Akkreditierungsverfahren nicht hinreichend geprüft worden sind. Andererseits könnten die entsprechenden Sachverhalte auch in den Akkreditierungsanträgen der Hochschulen unrealistisch oder unvollständig dargestellt worden sein. Diese Vermutung wird durch die Befragung der verantwortlichen Hochschulmitarbeiter gestützt: Diese haben teilweise zugegeben, dass die durchgeführten Modulteilprüfungen in den Prüfungsordnungen und Akkreditierungsanträgen bewusst nicht aufgeführt wurden.

Ein zentrales Problem, das von zahlreichen Interviewpartnern angesprochen wurde, war die Verschulung besonders der Bachelor-Studiengänge. Die Gewährleistung von Wahlfreiheit schien die Ausnahme zu sein. Die Curricula waren inhaltlich überfrachtet, sodass individuelle Spielräume und Gestaltungsmöglichkeiten nicht bestanden. Zusätzlich klagten die interviewten Studierenden über Anwesenheitspflichten und Zwangsanmeldungen zu Prüfungen.

Erst durch die ausführlichen Erläuterungen in den Interviews wurde deutlich, dass die Reform teilweise nur formal erfolgt ist und eine wirkliche Weiterentwicklung der Studiengänge im Sinne der Reformziele nur selten realisiert wurde. Als anschauliches Beispiel kann hier die Modularisierung angeführt werden: Die Studierendenvertreter bestätigten, dass Modulprüfungen eher die Ausnahme waren, Modulteilprüfungen hingegen der Regelfall. Die einzelnen Modulteilprüfungen wurden inhaltlich nicht modulbezogen ausgestaltet und orientierten sich nicht immer an den Modulzielen. In der Zusammenschau handelte es sich bei vielen Modulen also eher um zusammengelegte Lehrveranstaltungen und Einzelprüfungen, deren Durchführung in derselben Art und Weise erfolgte wie vor der Einführung der Modularisierung. Dass Studiengänge nur auf dem Papier modularisiert waren, konnte die Dokumentenanalyse nicht aufdecken. Dies ist ein Anzeichen dafür, dass dieser Sachverhalt auch in den Akkreditierungsverfahren nicht festgestellt wurde.

74 Ein direkter Vergleich ist jedoch schwierig, da den Befragungen unterschiedliche Methoden und Instrumente zu Grunde lagen.

6. Zusammenfassung und Schlussfolgerungen

Die Auswertung der Akkreditierungsentscheidungen für 1380 (Teil-)Studiengänge niedersächsischer Hochschulen im Zeitraum von Juli 2004 bis Dezember 2009 hatte das Ziel festzustellen, inwieweit die Studienreform durch Programmakkreditierung wirksam gesteuert werden konnte. Zu diesem Zweck wurden die Auflagen, die von den Agenturen in den 73,6 % bedingten Akkreditierungsentscheidungen ausgesprochenen worden waren, als Indikatoren für Schwierigkeiten der Reformumsetzung interpretiert.

Um von Schwierigkeiten der Umsetzung der Reform ausgehen zu können, wenn Akkreditierungskriterien verletzt wurden, musste unterstellt werden können, dass die mängelbehaftete Ausgestaltung der Studiengänge nicht Ausdruck einer verbreiteten Ablehnung der Ziele und/oder der mit ihnen verbundenen Reformvorgaben der KMK und des Akkreditierungsrats war. Daher wurden die Verantwortlichen in den Hochschulen im zentralen Management und auf Fachbereichsebene nach ihrer Einstellung zu den Reformzielen und zu den Reformvorgaben gefragt. Das Ergebnis widerspricht der landläufigen Meinung, die Bologna-Reform sei an mangelnder Akzeptanz in den Hochschulen weitgehend gescheitert. Vielmehr ist festzustellen, dass die Reformziele besonders auf der Ebene der Hochschulleitungen überwiegend auf Zustimmung gestoßen sind und dass die Vorgaben ebenfalls weitgehend für sinnvoll gehalten wurden – hier wiederum deutlicher von den zentralen als von den dezentralen Akteuren.

Die Untersuchungen zur Beantwortung der Frage, ob die Umsetzung der Reform in allen Hochschultypen (differenziert nach Hochschulart, -größe, -trägerschaft) und Hauptstudienbereichen sowie im Hinblick auf die verschiedenen Abschlussarten signifikante Unterschiede aufwies, führten zu der Erkenntnis, dass nur die Hochschulgröße und der Hauptstudienbereich von Bedeutung waren: An großen Fachhochschulen wurden die Studiengänge zwar weniger häufig beanstandet, aber die Beanstandungen bezogen sich im Mittel auf mehr verletzte Vorgaben als bei kleinen und mittleren Fachhochschulen. Umgekehrt wiesen die Studiengänge an kleinen Universitäten mehr verletzte

Vorgaben auf als an mittleren und großen Institutionen. Deutliche Differenzen bei der Effektivität der Umsetzung der Reformvorgaben wurden beim Vergleich der Hauptstudienbereiche, nicht jedoch im Hinblick auf die Art des Studienabschlusses festgestellt. Es zeigte sich, dass sich die ingenieurwissenschaftlichen Studiengänge von den übrigen Bereichen deutlich abheben, gefolgt von den Naturwissenschaften, die ebenfalls über dem Gesamtmittelwert verletzter Kriterien pro Studiengang lagen. Signifikante Unterschiede hinsichtlich der Anzahl verletzter Kriterien wiesen insbesondere die so genannten MINT-Fächer (Mathematik, Informatik, Naturwissenschaften und Technik) auf.

Eine genauere Analyse der Beanstandungen erlaubte die Beantwortung der Frage, welche Kriterien für Programmqualität bei der Ausgestaltung der Studienangebote besonders häufig Schwierigkeiten bereitet haben. Auffällig waren die Schwächen im Kernbereich der Studienreform, der Modularisierung und der entsprechenden Ausgestaltung der studienbegleitenden Prüfungen. Hier zeigte sich, dass die entscheidende Voraussetzung für das Gelingen der Studienreform, nämlich die Zusammenarbeit der Lehrenden, die für die einzelnen Studienmodule und die Modulprüfungen sowie für den Studiengang insgesamt verantwortlich sind, (noch) nicht erfüllt war. Offenbar setzt die Reform vor allem eine grundlegende Veränderung der Lehr- und Kommunikationskultur in den Fachbereichen und Lehreinheiten voraus, die sich erst langfristig vollziehen wird. Hinzu kommen die negativen Auswirkungen der für die neue Aufgabenstellung unzureichenden personellen, sächlichen und räumlichen Ausstattung der Hochschulen, die in der Akkreditierung am zweithäufigsten zu Beanstandungen geführt hat. Unter der Überfrachtung vor allem der Bachelor-Studiengänge und der Zahl und Kleinteiligkeit der Prüfungen litt auch die Studierbarkeit, die von den Gutachtern ebenfalls häufig problematisiert wurde.

In der an die Dokumentenanalyse anschließenden Befragung der Funktionsträger in den Hochschulen, die für die Umsetzung der Reform verantwortlich waren, zeigte sich, dass Kritik an der Reform vor allem deshalb geäußert wurde, weil sie mit erheblichen zeitlichen Belastungen verbunden war, eine Abkehr von gewohnten Denk- und Verhaltensmustern verlangte und den Betroffenen das Gefühl vermittelte, Objekte einer von außen gesteuerten Veränderung zu sein. Mit dieser generalisierenden Beobachtung stimmte einerseits die abgestufte Akzeptanz der in den Teilzielen und Akkreditierungskriterien formulierten Inhalte der Studienreform überein; andererseits entsprach sie auch der Tatsache, dass die Akteure auf der zentralen Leitungsebene der Hochschulen die Reform insgesamt stärker unterstützten als die unmittelbar »Betroffenen« auf der Ebene der Fachbereiche und Institute. Am wenigsten akzeptiert waren diejenigen Ziele und Vorgaben, deren Realisierung die größten Schwierigkeiten bereitet hatte.

Ein nicht unwesentlicher Teil der Umsetzungsprobleme wurde allerdings auch auf die Rahmenbedingungen des Reformprozesses zurückgeführt. Unverständliche oder nicht sinnvolle Vorgaben, eine problematische Verfahrenssteuerung durch die Akkreditierungsagenturen und hochschulinterne Hindernisse und Defizite sowie fehlende Ressourcen wurden für einen Teil der Umsetzungsschwierigkeiten verantwortlich gemacht. Ebenso wurde die Akkreditierung als zu bürokratisch und aufwändig kritisiert und kompetente Beratung vermisst. Schließlich wiesen die Verantwortlichen in den Hochschulen auf die Inkonsistenzen hin, die sich für das deutsche Hochschulsystem aus den länderspezifischen Sonderregelungen ergeben.

Trotz der differenzierten Detailkritik wurde der Reformprozess insgesamt durchaus positiv bewertet. Dabei war die stärkere Befürwortung der Reformziele und Qualitätskriterien durch die Mitglieder der Hochschulleitungen mit einer kritischeren Beurteilung der Programmakkreditierung als Kontroll- und Steuerungsverfahren verbunden; sie wünschten sich für die Zukunft eine im Wesentlichen interne Prozesssteuerung und Qualitätssicherung. Dagegen verband sich die verbreitete Kritik der dezentralen Akteure an einigen Reformzielen (Kompetenzorientierung, Modularisierung, Absolventenstudien, Maßnahmen zur Qualitätssicherung) mit einer weniger ausgeprägten Ablehnung der Programmakkreditierung.

In den Interviews mit den Studierenden wurde deutlich, dass die Akkreditierungsverfahren zwar die Anpassung an formale Vorgaben der Studienreform erzwingen konnten, die mit ihnen intendierten Verbesserungen der Qualität des Lehr-Lern-Prozesses jedoch nur dann bewirkten, wenn die Reform von engagierten Dozenten betrieben wurde. Selbst das inzwischen verbreitet eingesetzte Instrument der Lehrveranstaltungsbewertung wurde vielfach als wenig wirksam angesehen, weil aus den Ergebnissen keine Konsequenzen gezogen wurden. Weder dieser Sachverhalt noch die Tendenz zur Verschulung, die hohe Prüfungsbelastung, die unrealistischen Workload-Annahmen, die unzureichenden Wahlmöglichkeiten, das Überwiegen der Stoffvermittlung gegenüber der Kompetenzentwicklung und die geringe Verzahnung von Theorie und Praxis seien in den Akkreditierungsverfahren wirksam unterbunden worden. Eine allgemeine Kritik der Studierenden bestand in dem Vorwurf, dass die Studienreform von vielen Lehrenden nicht aus Überzeugung betrieben wurde und sich daher nur selten die notwendigen Einstellungs- und Verhaltensänderungen eingestellt hätten.

Aus der Zusammenschau der Ergebnisse dieser Untersuchung folgt, dass die Steuerung und Kontrolle der Studienreform durch Programmakkreditierung in doppelter Hinsicht den Beschränkungen jedes Veränderungsmanagements unterlag, das »top down« durchgeführt wird: Einerseits fehlte es im Verhältnis zwischen Staat und Hochschulen im Vorfeld der Studienreform an Kommunikation und zielgerichteter Zusammenarbeit, andererseits wurde vielfach der externe Druck an die Fachbereiche und die einzelnen Lehrenden weitergegeben, ohne dass zunächst hochschulintern eigene Reforminitiativen und -konzepte entwickelt werden konnten. Die Folge war mehr Anpassung als innovative Mitwirkung. Hieraus lässt sich für die Anforderungen an eine Weiterentwicklung der Qualitätssicherung in Lehre und Studium ableiten, dass zunächst institutionelle und individuelle Anreize zur Durchsetzung der erforderlichen Veränderungen geschaffen werden müssen.

Vor allem muss die Zuständigkeit für die Qualitätsentwicklung eindeutig den Hochschulen zugewiesen werden, auch wenn sie gegenüber dem Hochschulträger und der allgemeinen Öffentlichkeit rechenschaftspflichtig bleiben. Alle Anstrengungen sollten deshalb darauf gerichtet sein, die Hochschulen beim Aufbau eines eigenen Qualitätsmanagementsystems zu unterstützen. Die von den Hochschulen vermisste Beratung kommt auch jetzt noch nicht zu spät. Diese Unterstützung professionell zu organisieren, ist eine neue Aufgabe für die Qualitätssicherungsagenturen bzw. mit diesen zusammenarbeitende Beratungseinrichtungen. Hier ist eine wettbewerbliche Angebotsstruktur (im Unterschied zur »hoheitlichen« Aufgabe der Akkreditierung) sinnvoll und notwendig.

Auf die obligatorische Programmakkreditierung kann verzichtet werden (ohne dass die Akkreditierung von Studiengängen deshalb als freiwillige, für bestimmte Zielsetzungen durchaus sinnvolle Maßnahme überflüssig würde), wenn eine Hochschule nachweist, dass sie über ein hinreichend wirksames internes Qualitätssicherungssystem verfügt. Insofern ist der Ansatz der »Systemakkreditierung« sinnvoll und notwendig; allerdings muss gewährleistet sein, dass die »hinreichende Wirksamkeit« fachkundig überprüft und öffentlich dokumentiert wird. Nach der Erlangung des Status einer »self-accrediting institution« wäre jedoch die Wiederholung der »Systemakkreditierung« kontraproduktiv, da der Staat in diesem Fall von einer zyklischen Unterschreitung der Schwellenwerte für »hinreichende Wirksamkeit« ausginge und folglich sein Misstrauen in die Qualitätsorientierung der Hochschule zum Ausdruck brächte.[75] Misstrauensgeprägte Kontrolle verträgt sich jedoch nicht mit vertrauensvoller Zusammenarbeit. Vielmehr sollte nach der erfolgreichen »Systemakkreditierung« periodisch ein Quality Audit mit dem Ziel durchgeführt werden, das Qualitätsmanagement der Hochschule weiter zu verbessern. Um die Entwicklung institutioneller Qualitätssicherungs- und Qualitätsmanagementsysteme zu fördern, wären staatliche Förderprogramme wünschenswert.

Die vorliegende Untersuchung hat auch gezeigt, dass der Erfolg der Reform und die tatsächliche Qualitätssteigerung in Lehre und Studium weniger von unzureichenden institutionellen Möglichkeiten und fehlender Unterstützung

75 Künzel (2011b), S. 16.

durch die Hochschulleitung beeinträchtigt wird, als vielmehr von einer nur schwach ausgeprägten Motivation der Lehrenden. Die geringe Motivation wiederum hängt damit zusammen, dass im Unterschied zum Erfolg in der Forschung engagierte und erfolgreiche Lehre nur geringfügig zur wissenschaftlichen Reputation beiträgt.[76] Andererseits besteht im Wissenschaftssystem eine enge Wechselwirkung zwischen Reputation auf der einen und individuellem Einkommen sowie Ressourcenausstattung des Arbeitsplatzes auf der anderen Seite. Folglich muss erreicht werden, dass die Leistungen in Lehre und Betreuung der Studierenden in gleicher Weise karriererelevant werden wie Forschung und Entwicklung. Die hierfür notwendigen Veränderungen betreffen sowohl das Personal- und Dienstrecht als auch das hochschulinterne Qualitätsmanagement.[77] Jedoch lässt sich eine derartige Verschiebung der Gewichte zugunsten der Lehre nur bewerkstelligen, wenn die Qualität der Ausbildungsleistungen der Hochschulen für deren Finanzierung von Bedeutung ist. Die jetzt bereits teilweise angewandten quantitativen Erfolgsindikatoren reichen hierfür nicht aus; eine systematische Auswertung des Berufserfolgs der Absolventen müsste als Parameter in die staatliche Finanzierung der Hochschulen eingehen, und die Reputation der Hochschule als Ausbildungsstätte sollte sich in der Höhe differenzierter Studiengebühren niederschlagen.

Der Beschluss der europäischen Bildungsminister,[78] den Zeithorizont für den Bologna-Prozess um ein weiteres Jahrzehnt zu erweitern, beruht zweifellos auf einer realistischen Einschätzung des bisher Erreichten. Für Deutschland stellt sich damit die Aufgabe, die Grenzen der bisherigen Reformsteuerung durch Programmakkreditierung zu überwinden und die Rahmenbedingungen so zu verändern, dass die Reform von den Hochschulen selbst dauerhaft vorangetrieben wird. Denn nur ein Hochschulsystem, das aus sich heraus die notwendigen Innovationen generiert, kann den ständig steigenden Anforderungen an eine zeitgemäße akademische Ausbildung gerecht werden.

76 Vgl. Künzel (2009).
77 Vgl. Künzel (2010), S.24 und ders. (2008).
78 Vgl. Europäische Bildungsminister (2009).

Anhang

A) Reformspezifische Ursachen

A1: Ablehnung von Zielen und Maßnahmen
Die Ziele und Maßnahmen der Studienreform werden nicht von allen Beteiligten als eine sinnvolle Verbesserung empfunden. Die in den Medien anhaltend geäußerte Kritik gründet auf vielen Stimmen von Verantwortlichen in den Hochschulen und Studierenden, die der Reform von vornherein sehr skeptisch gegenüberstanden und sich im Zuge der Umsetzungsschwierigkeiten bestätigt fühlen. Hieraus wird die Hypothese abgeleitet, dass eine mangelnde Akzeptanz von Zielen und Maßnahmen der Studienreform zu Widerständen bei ihrer Umsetzung führen kann, die von der Unterwanderung einzelner Vorgaben bis hin zu einer stark ausgeprägten Blockadepolitik (Bologna-Gegner) reichen kann.

A2: Mangelnde Anreize zur Umsetzung der Reform
Die Reputationssysteme des deutschen Hochschulsystems sind auf Forschung ausgerichtet. Starke Forschungsuniversitäten führen in Rankings, erhalten deutlich mehr Drittmittel, Graduiertenkollegs und Sonderforschungsbereiche. Hieraus wird die Hypothese abgeleitet, dass Umsetzungsschwierigkeiten einem mangelnden Anreiz für die Hochschule geschuldet sind, sich ebenso als Lehrinstitution wie als Forschungsuniversität zu definieren und dass sich dieses Anreizdefizit bis hin zur Ebene des einzelnen Lehrstuhls niederschlägt. Die Hochschullehrer erwarten Mehraufwand für die Umsetzung der einzelnen Maßnahmen. Hieraus können dauerhafte Widerstände erwachsen.

A3: Abwehrhaltung gegen die externe Steuerung der Reform
Die Umstellung auf die neuen Studiengänge wird deshalb abgelehnt, weil die Vorgaben für die Veränderungen von außen vorgegeben werden. Oft wird noch eine fachfremde Einflussnahme unterstellt, z. B. von Verwaltungspersonal und Juristen. Die Wissenschaftler, die die Umstellungen in den Hochschulen aus-

führen müssen, wurden nicht in die Planungen für die Veränderungen einbezogen und lehnen diese daher grundsätzlich ab.

B) Vorgabenspezifische Ursachen

B1: Interpretationsprobleme durch eine mangelhafte Konstruktion der Vorgaben
Bereits bei der Konstruktion des Kodierkonzepts für die Dokumentenanalyse fiel auf, dass die aus den Kriterien des Akkreditierungsrats abgeleiteten Reformvorgaben zum Teil nicht trennscharf sind und viel Interpretationsspielraum zulassen. Hieraus ist die Hypothese ableitbar, dass eine mangelhafte Konstruktionsleistung bei den Kriterien zu Interpretationsproblemen an den Hochschulen führt. Die mangelnde Trennschärfe der Vorgaben kann zum einen dazu führen, dass Hochschulen diese nicht richtig interpretieren, zum anderen erschwert sie die Überprüfbarkeit ihrer Erfüllung. Vorstellbar ist, dass Hochschulen in vielen Fällen davon ausgehen, die Vorgaben bereits erfüllt zu haben, sodass sie während der Akkreditierung davon überrascht sind, dass ihre Interpretation der Vorgaben nicht zutreffend war.

B2: Adaptionsprobleme
Die Hochschulen müssen die Erfüllung der Vorgaben des Akkreditierungsrats nachweisen, um eine Akkreditierung zu erlangen. Die Vorgaben des Akkreditierungsrats sind für die Hochschulen allerdings nicht immer sinnvoll oder mit hochschulinternen Regelungen vereinbar. Umsetzungsprobleme können in diesem Zusammenhang als strukturelle Anpassungsüberforderung interpretiert werden.

B3: Vorgaben passen nicht zu externen Rahmenbedingungen
Hochschulen sind oftmals externen institutionalisierten Anforderungen ausgesetzt, die sich mit den Vorgaben des Akkreditierungsrates und der KMK schlecht vereinbaren lassen. Dies ist z. B. der Fall, wenn die Anforderungen der Wirtschaft an einen dualen Studiengang andere sind, als die Vorgaben unterstellen. Andere Beispiele sind »Joint Programmes« oder »Double Degrees«, die mit einer ausländischen Partnerhochschule mit anderen Rahmenbedingungen angeboten werden. Denkbar sind auch Standards und Anforderungen von Fachgesellschaften, die mit den Vorgaben schlecht vereinbar sind.

C) Agenturspezifische Ursachen

C1: Agenturspezifische Interpretationsfehler
Die Agenturen sind gefordert, die Kriterien des Akkreditierungsrats selbst zu interpretieren und zu operationalisieren. Hierdurch können die AR-Standards und -Kriterien »verschlimmbessert« oder sogar Kriterien zugrunde gelegt werden, die nicht vom Akkreditierungsrat stammen. Hieraus ist die Hypothese ableitbar, dass die Hochschulen Umsetzungsschwierigkeiten haben, weil sie nicht nachvollziehen können, wie die Agenturen ihre Mängelrügen aus den Kriterien des Akkreditierungsrats ableiten. In diesem Ursachenkomplex ist die Agentur das Problem, und ihr wird wenig Fachkompetenz bei der Interpretation der Kriterien des Akkreditierungsrats zugeschrieben.

C2: Agenturspezifische Beratungsprobleme
Bei dieser Ursachenvermutung sind Agenturen keine verlässlichen Berater der Hochschulen. Sie kommunizieren nicht eindeutig genug, was von den Hochschulen erwartet wird. Die Gründe hierfür können vielfältig und multidimensional sein: Schlecht geschultes Personal der Agentur, ein mangelhafter Leitfaden zur Akkreditierung und ein schlecht organisierter und nicht standardisierter Akkreditierungsprozess können zu Problemen der Umsetzung der Studienreform führen.

C3: Gutachterspezifische Probleme
Die Gutachter, die in den Akkreditierungsverfahren eingesetzt werden, haben einen großen Einfluss auf die Güte und das Resultat der Begutachtung. Sie müssen kontrollieren, ob die begutachteten Studiengänge alle akkreditierungsrelevanten Kriterien erfüllen. Die Expertise der Gutachter ist abhängig von dem Grad des individuellen Vorwissens bzw. der Vorerfahrung mit dem Thema Studienstrukturreform, der Interpretation der Vorgaben, der Einstellung gegenüber der Reform und dem individuellen Rollenverständnis. So ist beispielsweise denkbar, dass Gutachter Hemmungen haben, die Arbeit ihrer Fachkollegen zu monieren. Die adäquate Auswahl und Schulung der Gutachter ist Aufgabe der Agenturen, die dieser Aufgaben möglicherweise nur unzureichend nachkommen.

D) Hochschulspezifische Ursachen

D1: Hochschulinterne Informations- und Kommunikationsdefizite
Von den Hochschulen wird bei der Interpretation und Umsetzung der Vorgaben ein hohes Maß an Eigenverantwortung erwartet. Im Akkreditierungssystem ist

eine institutionalisierte Beratung in Bezug auf Erfolg versprechende Implementationsstrategien oder »best practise«-Modelle nicht vorgesehen. Ebenso fehlen empirische Untersuchungen über Erfolgsfaktoren der Studienstrukturreform. Eine Hypothese ist, dass eine unzureichende Umsetzung der Studienstrukturreform das Resultat eines hochschulischen Informationsdefizits ist. Handwerkliche Umsetzungsfehler können die Folge sein, so z. B. wenn Hochschulen die Interpretationsspielräume bei den Kriterien aus Unwissenheit nicht zu ihrem Vorteil nutzen.

Hochschulen sind Expertenorganisationen, in welchen Hochschullehrer in höchstem Maße selbständig arbeiten. Ebenso sind Fachbereiche und Fakultäten eigene teilautonome Einheiten, die sich selbst organisieren und leiten. Dies erschwert die Kommunikation untereinander und kann dazu führen, dass nicht alle für die Reform wichtigen Personen an den Veränderungsprozessen beteiligt sind. Mangelnde Transparenz, Koordinationsprobleme und unsystematische Umsetzungen der Maßnahmen können die Folge sein.

D2: Hochschulinterne Steuerungsprobleme (Verantwortungsdiffusion)

Die Umsetzung der Studienstrukturreform ist primär die Aufgabe der Hochschulleitung. Diese kann in vielerlei Hinsicht zu problematischen Umsetzungen beitragen: So kann eine mangelnde Unterstützung durch die Hochschulleitung (keine Rückendeckung, Vernachlässigung strategischer Planung, keine klare Zuweisung von Verantwortung, keine transparente Kommunikation von Entwicklungszielen und -strategien etc.) dazu führen, dass dem Qualitätsmanagement wenig Priorität eingeräumt wird. Hier handelt es sich also um Umsetzungshindernisse, die unklaren Verantwortungsstrukturen geschuldet sind.

D3: Ressourcenmangel

Eine gelungene Umsetzung von Reformen kostet in der Regel Geld. Zusätzliche Mittel wurden jedoch für die Umsetzung der Studienstrukturreform nicht zur Verfügung gestellt. Eine Hypothese ist, dass problematische Umsetzungen die Folge von Ressourcenmangel sein können. Dabei handelt es sich insbesondere um Personalmittel, wenn Qualitätssicherung »nebenher« gemacht werden muss oder die entsprechenden Verantwortlichen nicht über das entsprechende Fachwissen und die Kompetenzen verfügen, um die Reform gelingend umzusetzen. Darüber hinaus hat die Politik zu Beginn des Reformprozesses nicht beachtet, dass die neuen Studienstrukturen verbesserte Betreuungsrelationen voraussetzen. Das bedeutet, dass es sowohl beim Lehr- als auch beim Verwaltungspersonal zu Engpässen kommen kann.

Literaturverzeichnis

Akkreditierungsrat (2006): Kriterien zur Akkreditierung von Studiengängen. Beschluss des Akkreditierungsrates vom 17.07.2006, geändert am 08.10.2007 u. 29.02.2008. Drs. AR 15/2008. Bonn: Akkreditierungsrat.

Akkreditierungsrat (2007): Evaluationsbericht. Selbstbericht zur externen Evaluation der Stiftung zur Akkreditierung von Studiengängen in Deutschland. 10.10.2007. Drs. AR 61/2007. Bonn: Akkreditierungsrat.

Akkreditierungsrat (2009a): Landesspezifische Strukturvorgaben im Sinne von verbindlichen Vorgaben für die Akkreditierung von Studiengängen gemäß § 2 Abs. 1 Nr. 2 Akkreditierungs-Stiftungs-Gesetz. Beschluss des Akkreditierungsrates vom 09.06.2009. Drs. AR 47/2009, Bonn: Akkreditierungsrat.

Akkreditierungsrat (2009b): Untersuchung der Auflagen bei Verfahren der Studiengangsakkreditierung, Tagesordnungspunkt der 60. Sitzung des AR, Drs. AR 80/2009. Bonn: Akkreditierungsrat.

Akkreditierungsrat (2010a): Regeln für die Akkreditierung von Studiengängen und für die Systemakkreditierung. Beschluss des Akkreditierungsrates vom 08.12.2009 i.d.F. vom 10.12.2010. Drs. AR 85/2010. Bonn: Akkreditierungsrat.

Akkreditierungsrat (2010b): Bericht zu den Inkonsistenzen in der Programmakkreditierung. Drs. AR 93/2010. Bonn: Akkreditierungsrat.

Deutscher Akademischer Austauschdienst (Hrsg.) (2011): Bachelor und Master auf dem Arbeitsmarkt – Die Sicht deutscher Unternehmen auf Auslandserfahrung und Qualifikation. Bonn: Deutscher Akademischer Austauschdienst.

ENQA European Association for Quality Assurance in Higher Education (2009): Standards and Guidelines for Quality Assurance in the European Higher Education Area. 3rd Edition. Helsinki: European Association for Quality Assurance in Higher Education.

Europäische Bildungsminister (2003): »Realising the Higher Education Area.« Communiqué of the Conference of Ministers responsible for Higher Education in Berlin on 19 September 2003.

Europäische Bildungsminister (2005): The European Higher Education Area – Achieving the Goals. Communiqué of the Conference of European Ministers Responsible for Higher Education, Bergen, 19–20 May 2005.

Europäische Bildungsminister (2009): The Bologna Process 2020 – The European Higher Education Area in the new decade. Communiqué of the Conference of Ministers Responsible for Higher Education, Leuven and Louvain-la-Neuve, 28–29 April 2009.

Hochschulrektorenkonferenz; Kultusministerkonferenz & Bundesministerium für Bildung und Forschung (2005): Qualifikationsrahmen für Deutsche Hochschulabschlüsse. Beschluss der Kultusministerkonferenz vom 21.04.2005, i. d. j. g. Fassung.

Kohler, Jürgen (2008): Bologna-Instrumente als Förderung von Mobilität und Internationalisierung. In: Benz, Winfried; Kohler, Jürgen & Landfried, Klaus (Hrsg.): Handbuch Qualität in Studium und Lehre. Evaluation nutzen – Akkreditierung sichern – Profil schärfen. Berlin: Raabe, D 3.6, S. 1–34.

Kultusministerkonferenz (1998): Einführung eines Akkreditierungsverfahrens für Bachelor-/Bakkalaureus- und Master-/Magisterstudiengänge. Beschluss der Kultusministerkonferenz vom 03.12.1998.

Kultusministerkonferenz (2000): Rahmenvorgaben für die Einführung von Leistungspunktsystemen und die Modularisierung von Studiengängen. Beschluss der Kultusministerkonferenz vom 15.09.2000, i. d. j. g. Fassung.

Kultusministerkonferenz (2002): Anrechnung von außerhalb des Hochschulwesens erworbenen Kenntnissen und Fähigkeiten auf ein Hochschulstudium. Beschluss der Kultusministerkonferenz vom 28.06.2002.

Kultusministerkonferenz (2003): Ländergemeinsame Strukturvorgaben (§ 9 Abs. 2 HRG) für die Akkreditierung von Bachelor- und Masterstudiengängen. Beschluss der Kultusministerkonferenz vom 10.10.2003, i. d. j. g. Fassung.

Kultusministerkonferenz; Hochschulrektorenkonferenz & Bundesministerium für Bildung und Forschung (2005): Qualifikationsrahmen für Deutsche Hochschulabschlüsse. Beschluss der Kultusministerkonferenz vom 21.04.2005, i. d. j. g. Fassung.

Kultusministerkonferenz (2008): Anrechnung von außerhalb des Hochschulwesens erworbenen Kenntnissen und Fähigkeiten auf ein Hochschulstudium. Beschluss der Kultusministerkonferenz vom 18.09.2008.

Kultusministerkonferenz (2010): Ländergemeinsame Strukturvorgaben für die Akkreditierung von Bachelor- und Masterstudiengängen (und Auslegungshinweise) vom 04.02.2010.

Künzel, Rainer (2008): Die Messung der Lehrleistungen der Hochschulen: »Mission impossible« und dauerhaftes Steuerungsdefizit? In: Hochschule innovativ, Ausgabe 20, Okt. 2008, S. 15–17, wieder abgedruckt in: Kehm, Barbara, Mayer, Evelys & Teichler, Ulrich (Hrsg.): Hochschulen in neuer Verantwortung – strategisch, überlastet, divers? Bonn: Lemmens, S. 281–286.

Künzel, Rainer (2009): Was können Hochschulen leisten? – Überlastet und unterfinanziert und trotzdem gute Lehre? In: Terbuyken, Gregor (Hrsg.), In Modulen lehren, lernen und prüfen – Herausforderungen an die Hochschuldidaktik. Loccumer Protokolle 78/09, Reburg-Loccum, S. 283–289.

Künzel, Rainer (2010): 10 Jahre Akkreditierung in Deutschland. Eine (system-)kritische Rückschau. In: Benz, Winfried; Kohler, Jürgen & Landfried, Klaus (Hrsg.): Handbuch Qualität in Studium und Lehre. Evaluation nutzen – Akkreditierung sichern – Profil schärfen. Berlin: Raabe. S. 1–35, B 1.4.

Künzel, Rainer (2011a): Reform der externen Qualitätssicherung. Vom Kontrollansatz zur Innovationsförderung. In: Qualität in der Wissenschaft – Zeitschrift für Qualitätsentwicklung in Forschung, Studium und Administration, 5. Jg. Heft 1, 2011, S. 2–8.

Künzel, Rainer (2011b): Entwicklungsperspektiven des deutschen Systems der externen Qualitätssicherung. In: Benz, Winfried; Kohler, Jürgen & Landfried, Klaus (Hrsg.):

Handbuch Qualität in Studium und Lehre. Evaluation nutzen - Akkreditierung sichern - Profil schärfen. Berlin: Raabe, S. 1 - 17. B 1.6.

Mayring, Philipp (2008): Qualitative Inhaltsanalyse. Grundlagen und Techniken. 10. Aufl. Weinheim und Basel: Beltz Verlag.

Merten (1983): Inhaltsanalyse: Einführung in Theorie, Methode und Praxis, Opladen: Westdeutscher Verlag.

Nickel, Sigrun (2010): Qualitätssicherung und Akkreditierung aus Professorensicht. Vortrag auf der CHE-Tagung »Der Bologna-Prozess aus der Sicht der Hochschulforschung - Analysen und Impulse«. Berlin, 13. / 14. Dezember 2010 (die Studie wurde bisher noch nicht veröffentlicht).

Niedersächsisches Ministerium für Wissenschaft und Kultur (2010a): Niedersächsisches Hochschulgesetz (NHG). Stand August 2010. Hannover: Niedersächsisches Ministerium für Wissenschaft und Kultur.

Niedersächsisches Ministerium für Wissenschaft und Kultur (2010b): Arbeitsgruppe zur Weiterentwicklung des Bologna-Prozesses in Niedersachsen. Ergebnisse und Empfehlungen. 04. Juni 2010.

Reuke, Hermann (2010): Bologna und die »Huckepack-Agenda«. In: SPD-Fraktion im Niedersächsischen Landtag (Hrsg.): Dokumentation der Veranstaltung »Großbaustelle Bologna«, 19. November 2009. Hannover: SPD-Fraktion im Niedersächsischen Landtag, S. 30 - 33.

Schulmeister, Rolf & Metzger, Christiane (2011) (Hrsg.): Die Workload im Bachelor: Zeitbudget und Studierverhalten. Eine empirische Studie. Münster, New York, München Berlin: Waxmann.

Stifterverband für die Deutsche Wissenschaft (Hrsg.) (2009): Der lange Weg nach Bologna: Wo stehen die Bundesländer bei der Studienreform? http://www.stifterverband.org/publikationen_und_podcasts/positionen_dokumentationen/laendercheck_bologna/laendercheck_bologna.pdf (Fassung von November 2009, abgerufen am 10. 01. 2012)

Toens, Katrin (2009): Hochschulpolitische Interessenvermittlung im Bologna-Prozess. Akteure, Strategien und machtpolitische Auswirkungen auf nationale Verbände. In: Rehder, Britta; von Winter, Thomas & Willems, Ulrich (Hrsg.): Interessenvermittlung in Politikfeldern. Vergleichende Befunde der Policy- und Verbändeforschung. Wiesbaden: VS Verlag für Sozialwissenschaften, S. 230 - 248.

Wissenschaftsrat (1978): Empfehlungen zur Differenzierung des Studienangebots. Köln: Wissenschaftsrat.

Die Autoren

Dr. Justine Suchanek ist als empirische Sozialforscherin seit 2005 am Lehrstuhl für Ökonomie und Politik des tertiären Bildungssystems an der Universität Osnabrück tätig. Zuvor lehrte sie in der Fakultät für Soziologie der Universität Bielefeld Methoden empirischer Sozialforschung und Medien.

Manuel Pietzonka (Projektkoordinator) ist seit 2006 als Wissenschaftlicher Referent bei der Zentralen Evaluations- und Akkreditierungsagentur (ZEvA) beschäftigt und promoviert an der Universität Kassel im Internationalen Zentrum für Hochschulforschung über den Bologna-Prozess. Zuvor studierte er Psychologie.

Prof. Dr. Rainer Künzel ist Professor für Ökonomie und Politik des Tertiären Bildungssystems an der Universität Osnabrück, deren Präsident er von 1990 bis 2004 war. Künzel war von 1994 bis 2000 Vizepräsident der HRK und ist seit 2001 Wissenschaftlicher Leiter der Zentralen Evaluations- und Akkreditierungsagentur (ZEvA).

Dr. Torsten Futterer ist seit 2001 bei der Zentralen Evaluations- und Akkreditierungsagentur Hannover (ZEvA) beschäftigt und leitet seit 2002 das Referat Evaluation. Er wurde im Jahr 2000 an der Naturwissenschaftlichen Fakultät der TU Braunschweig im Fach Psychologie promoviert.